DER WEG
DES GROSSEN
ABSCHIEDS

Weitere Bücher von Sacinandana Swami

Der Nektarozean des Heiligen Namens

The Nectarean Ocean of the Holy Name

The Gayatri Book

DER WEG DES GROSSEN ABSCHIEDS

Aus dem Tagebuch einer Pilgerreise
in den Himalaya

SACINANDANA SWAMI

THE BHAKTIVEDANTA BOOK TRUST

Leserinnen und Leser, die am Inhalt dieses Buches interessiert sind, können über folgende Adressen mit dem Autor in Kontakt treten:

Deutschland

ISKCON
Postfach 1172, 55759 Birkenfeld
Tel. / Fax (06782) 5957
hkd@pamho.net · www.krishna.de

Schweiz

Sankirtan-Verein
Bergstrasse 54, 8030 Zürich
Tel. (044) 262 37 90 · Fax (044) 262 31 14
sa-ve@pamho.net · www.krishna.ch

Österreich

hka@pamho.net

Weitere Informationen finden Sie auf Sacinandana Swamis Website: www.saranagati.net

www.krishna.com

Gesetzt in Palatino von Hermann Zapf

4. Auflage
Oktober 2007

ISBN 978-91-7149-504-4

Für Shri Shrimad A. C. Bhaktivedanta Swami Prabhupada und für alle, die bereits auf ihrem eigenen Weg des Abschieds wandeln oder die noch ein wenig Mut benötigen, um aufzubrechen.

Shrila Prabhupada:
„Pilgerorte sind für Gottessucher sehr segensreich, denn sie helfen, im spirituellen Leben schnell voranzukommen. Obwohl Gott überall gegenwärtig ist, kann man sich ihm an heiligen Pilgerstätten besonders leicht nähern."

Inhalt

Dank

Zu zahlreich sind die Personen, deren Hilfe in diese Publikation einfloss, um sie alle hier zu nennen. Mein besonderer Dank gilt dennoch Lalita Dasi, die die Hauptarbeit beim Redigieren übernahm, Gaura-shiromani Dasa und Sibylla für die Arbeit an der Zweitauflage, Theo, der das hervorragende Cover entwarf, Gaura-Bhavini Dasi, Govinda Madhava Dasa und Tibor für den Feinschliff am Text und Gadadhara Dasa, der die erste Ausgabe veröffentlichte.

Mein aufrichtiger Dank geht auch an alle Freunde, die die Pilgerfahrt organisierten und mich auf meinem Weg begleiteten, sowie an die zahlreichen Menschen, denen ich im Himalaya begegnet bin und von denen ich gelernt habe, loszulassen. Mein Dank gilt insbesondere Atmananda, der von Deutschland aus die Reise geplant hat, aber auch unserem Pandit, der spontan in Rudraprayag zu uns gestoßen ist. Hari möchte ich dafür danken, dass er bei Regen und Sonnenschein, vor und nach Bergrutschen, immer und überall für uns gekocht hat, und unserem Fahrer Dinesh Giri Goswami gilt mein besonderer Dank für seine wunderbaren Fahrkünste.

Mehr als allen anderen bin ich jedoch meinem ewigen spirituellen Meister, Shrila Prabhupada, zu Dank verpflichtet. Er gab mir das Wissen und die spirituelle Weisheit, die mich auf der Pilgerreise meines Lebens begleiten.

Vorwort

Dieses Buch ist so ungewöhnlich wie sein Autor. Es sind die Aufzeichnungen eines Menschen, der sich in einer ganz anderen Welt bewegt als die meisten von uns. Seine Schilderungen haben somit einen eigentümlichen Reiz und bestätigen die Regel, dass nichts mehr inspiriert als das, was außerhalb der Routine unseres Alltags liegt.

Ganz unerwartet bin ich in den Besitz dieses Textes gekommen. Als ich eines Abends von der Universität nach Hause kam, empfing mich mein Sohn Mark mit der Nachricht, der hinduistische Mönch mit dem langen und schwierigen Namen sei auf der Durchfahrt und hätte sich angemeldet. Eine Stunde später stand Sacinandana Swami vor der Tür: ein mittelgroßer, schlanker Mann um die vierzig, gekleidet in die safranfarbenen Tücher eines indischen Asketen.

In meinem Arbeitszimmer kam Sacinandana Swami ohne lange Vorreden zu seinem Anliegen. Aus einer Stofftasche zog er ein in Pergament eingeschlagenes Paket hervor und sagte: „Ich habe hier Tagebucheintragungen, Landkarten und Heiligenbilder von meiner letzten Pilgerreise nach Indien mitgebracht. Du weißt, dass ich kein Schriftsteller bin", und er lächelte geheimnisvoll, „doch ich glaube, dass es für viele nützlich wäre, über die Erfahrungen meiner Reise zu lesen. Ich denke, du tätest gut daran, daraus ein Buch zu machen."

Etwas verlegen drückte ich meine Skepsis aus – wie sollten die Erfahrungen dieses so ausgefallenen Menschen für andere von Bedeutung sein? –, doch unbeirrt und in heiterem Tonfall fuhr der Swami fort: „Es geht um das Loslassen. Die meisten Menschen haften an Dingen, die ihnen eigentlich nur Unglück bringen." Ganz unerwartet wechselte er das Thema: „Weißt du, wie man einen Affen fängt?"

Etwas verblüfft antwortete ich: „Nein – mit einem Käfig? Oder vielleicht mit einer Schlinge? Warum?"

Diesmal lachte er fast: „Ganz einfach: mit seiner Gier. Der Jäger legt eine geröstete Banane in einen hohlen Kürbis, den er an einen Baum kettet. Die Öffnung im Kürbis ist gerade groß genug, dass eine Affenhand hineinschlüpfen kann. Jetzt braucht der Jäger nur noch zu warten. Irgendwann wittert ein Affe die Banane, steckt seine Hand hinein und greift zu. Dummerweise passt seine zur Faust geballte Hand mit der Banane nicht mehr durch das Loch hindurch. Der Affe steckt fest. Vielleicht denkst du, er sei klug genug, die Banane loszulassen. Fehlanzeige! Seine Anhaftung ist stärker. Er wird die Banane niemals loslassen, selbst dann nicht, wenn der Jäger kommt und ihn betäubt. So läuft das im Leben: Die meisten Menschen halten sich selbst gefangen, weil sie so viele Dinge nicht loslassen wollen. Das hindert sie daran, das zu tun, was ihren wahren Zielen dient."

Meine Neugier war geweckt, vor allem, als ich sah, wie unangehaftet der Swami an das Manuskript war: Ich könne damit tun, was ich wolle, sagte er; ihm sei es gleich, ob ich es wegschließe, verbrenne oder veröffentliche.

Jeden Abend las ich nun in dem Manuskript. Die Lektüre war nicht immer einfach, denn manche Seiten waren nass geworden und andere Notizen waren in fast unleserlicher Schrift geschrieben – das waren wohl die Seiten, die im fahrenden Jeep entstanden waren. Hin und wieder gab es Abschnitte, die nicht richtig miteinander verbunden schienen. Doch der Text zog mich unweigerlich in seinen Bann. Da war etwas Unerhörtes, das mich fesselte und eine tiefe, erwartungsvolle Freude in mir auslöste. Dasselbe würden auch andere Leser erfahren, das spürte ich, und so entschloss ich mich, das Manuskript in Buchform zu bringen.

Zum ersten Mal begegnete ich Sacinandana Swami während meiner Studienzeit in Hamburg, bei einem Konzert der Rolling Stones. Obwohl mich ihre Musik nicht übermäßig interessierte, begeisterten mich ihr anarchischer Lebensstil und ihre aggressiven Bühnenshows, mit denen sie das Bürgertum provozierten und seine Normen angriffen. Dieses Konzert wollte ich mir als selbsternannter Gesellschaftskritiker nicht entgehen lassen. Als ich vor dem Eingang im Gedränge stand, stürmten plötzlich einige Jugendliche an den Wartenden vorbei. Einer von ihnen lachte und schlug sich vor Vergnügen auf die Schenkel. Kurz darauf erregte ein lichterloh brennender Zaun, etwa hundert Meter vom Eingang entfernt, unsere Aufmerksamkeit. Die berittenen Polizisten galoppierten los, und eine allgemeine Unruhe brach aus. Da sah ich den Jungen wieder. Er kam, noch immer lachend, im Laufschritt aus der Richtung, wo es brannte. Kurz begegneten sich unsere Blicke, dann war er in der Menge verschwunden. Im nächsten Augenblick sah ich ihn mit seinen Freunden über den Zaun steigen. Kein Polizist war zur Stelle, um sie daran zu hindern. Die Ordnungshüter waren alle beim Feuer.

Am Ende des Konzertes, bei einer der letzten Zugaben, fiel mir der gleiche Junge erneut auf, diesmal auf der Bühne. Er tanzte und spielte mit der Band zusammen. Sie schienen sich zu kennen. Was mir sofort auffiel, war sein ansteckender Enthusiasmus und seine quirlige Lebendigkeit. Er strahlte eine solche Lebensfreude aus, dass ich auf ihn neugierig wurde. Sehr viel später teilte er mir einmal sein Motto mit: Was immer du tust, tu es wie ein Löwe.

Als wir aus der Halle drängten, sah ich ihn wenige Meter vor mir. Mit einiger Mühe holte ich ihn ein und sprach ihn auf sein Verhalten an. Vergnügt gab er zu, dass er das kleine Feuer gelegt hatte, um die berittene Polizei mit ihren schmerzhaften Schlagstöcken abzulenken, sodass er mit seinen Freunden über den Zaun und die Backstage in die Halle gelangen konnte. Dann erklärte er: „Wenn ich die Gesellschaft verändern will, kann ich mich nicht nach ihren Regeln richten. Die Stones sind meine Freunde. Um Freunde zu sehen, muss ich doch keine Eintrittskarte bezahlen!" Mit diesen Worten verabschiedete er sich hastig, denn die Band hatte ihn zu einer Feier eingeladen. Und schon war der verschwunden, den ich viele Jahre später als Mönch wiedertreffen sollte.

Meine zweite Begegnung mit dem Swami war ganz anderer Natur. Im Rahmen einer Vorlesungsreihe lud ich regelmäßig Vertreter fremdländischer Religionen zu Podiumsdiskussionen ein. Bemüht um einen Kontakt zu den Hindus in Deutschland, hatte ich von einem Kollegen die Telefonnummer eines „Center for Vedic Studies" bekommen und von dort die Zusage zur Teilnahme erhalten. Eigentlich hatte ich mit einem Inder gerechnet, doch stattdessen erschien ein Deutscher in traditioneller indischer Mönchstracht und stellte sich als Sacinandana Swami vor.

Die Vorlesung verlief bis zum Fragenteil wie ein gewöhnlicher Universitätsvortrag. Ruhig und gelassen, doch manchmal mit einer ansteckenden Heiterkeit erklärte der Swami die philosophischen und praktischen Grundlagen des Hinduismus. Er war mir gleich sympathisch. Seine Präsentation hatte Stil, und was mir besonders angenehm war: Er predigte nicht mit dem Ziel, alle zu bekehren.

Dann begann die Diskussion. Ein Student forderte den Swami heraus: „Sie sind Europäer. Warum haben Sie sich einer fremden Religion angeschlossen?" Sacinandana Swami erklärte, wirkliche Spiritualität habe nichts mit geographischen Grenzen zu tun, sondern sei universell. Er nahm die Sonne als Beispiel: Die Sonne werde niemals deutsch oder indisch, nur weil sie gerade über dem betreffenden Land scheine. Die Seele, Gott und das spirituelle Wissen einem bestimmten Kulturkreis zuzuordnen sei genauso absurd, wie die Sonne als deutsch oder indisch zu bezeichnen. Ein weiser Mensch kümmere sich nicht um solche Bezeichnungen und nutze das spirituelle Wissen aller Kulturen – so wie jemand die Sonne nutze, wann immer sie scheint.

Der Swami sprach jetzt mit großem persönlichem Engagement, und die Atmosphäre im Saal wandelte sich. Jetzt hielt er nicht mehr einen distanzierten Vortrag, jetzt ging es um sein eigenes Leben. Vor uns stand ein Mensch, der einen Wandel im Bewusstwein vollzogen hatte und zum Wanderer zwischen zwei Kulturen geworden war. Plötzlich fanden die Zuhörer seine Person viel interessanter als den Hinduismus, und so stellten sie ihm fast nur noch persönliche Fragen. Irgendwann erzählte er, dass er in Hamburg aufgewachsen war und dort ein ganz gewöhnliches Leben geführt hatte, mit dem Ziel, Musik zu machen und die Gesellschaft zu verändern, wie so viele seiner Zeitgenossen. Da leuchtete bei mir ein Schimmer des Wiedererkennens auf.

Nach der Vorlesung fragte ich ihn etwas zögerlich, ob er ungefähr 1969 bei einem Stones-Konzert in der Ernst-Merck-Halle gewesen und, anstatt Eintritt zu bezahlen, über den Zaun geklettert sei. Er schaute mich prüfend an und lachte schallend auf. Wir gingen zu einer abgelegenen Bank auf dem Pausenhof, und er erzählte mir viel über sein Leben. Er sei mit 16 Jahren Mönch geworden, aus der Einsicht heraus, dass man das Bewusstsein der Menschen ändern müsse, um wirklich etwas in ihrem Leben zu bewirken. Dazu müsse man aber bei sich selbst anfangen. In der Zwischenzeit habe er einige der heiligen Schriften Indiens, der Veden, ins Deutsche übersetzt und mitgeholfen, spirituelle Gemeinschaften und Zentren zu gründen. Nun bemühe er sich, das spirituelle Wissen durch öffentliche Veranstaltungen und Besuche an Schulen und Universitäten weiterzugeben.

Das dritte Mal sah ich den Swami auf dem Fernsehbildschirm. Da meine Frau Amerikanerin ist, sehen wir oft Sendungen des amerikanischen Nachrichtensenders CNN. Eines Abends wurde von einem großen Konzert in Moskau berichtet. Plötzlich sah ich ganz groß Sacinandana Swami auf dem Bildschirm. Dann schwenkte die Kamera von ihm weg und rückte eine riesengroße Halle voller tanzender Menschen ins Bild. Der Nachrichtensprecher führte aus, wie Russland nach der Öffnung seiner Grenzen eine vielseitige religiöse Wiederbelebung erfahre. Am spektakulärsten sei bei den ehemaligen Anhängern des kommunistischen Atheismus der Erfolg der indischen Spiritualität. Mit dem aufsehenerregenden Konzert der Hare-Krishna-Bewegung in Moskau vor über dreißigtausend Besuchern sei das Bedürfnis nach spirituellem Leben nun offensichtlicher geworden als jemals zuvor.

Ich sah meinen Bekannten mit großer Konzentration eine rituelle Zeremonie ausführen. Immer wenn er sich zur Menge wandte – und damit zur Kamera –, sah man, wie tief bewegt er war. Einmal glaubte ich sogar, Tränen in seinen Augen zu sehen. Vielleicht freute er sich mitzuerleben, wie die Spiritualität, die er lebte, Fuß fasste in einem Land, das gegenüber allen andersartigen Geistesströmungen hermetisch abgeriegelt gewesen war. Ich habe ihn nie darauf angesprochen, doch so, wie ich ihn von unseren gelegentlichen Gesprächen kenne, wird er dies wohl als Beweis für die Universalität der vedischen Tradition gedeutet haben, zu der er sich bekennt.

Oft habe ich mich gefragt, ob mein seltsamer Bekannter, dieses widersprüchliche Bündel aus sprühender Menschlichkeit, nonkonformistischem Denken und tiefsinniger Spiritualität, zufrieden sei. Soweit ich mir überhaupt ein Urteil darüber erlauben kann, müsste er – nach seiner eigenen Definition von „Zufriedenheit“ – allen Anlass dazu haben. Natürlich, seine Spiritualität und seine Person wurden – und werden bestimmt immer wieder – von den selbsternannten Glaubenswächtern unserer Zeit angegriffen. Aber dies war und ist nur normal bei Menschen, die einen anderen Lebensweg als die Mehrheit wählen. Die Soziologie, mein akademisches Gebiet, kennt in allen Bereichen des menschlichen Lebens erschütternde Beispiele für diese uns Menschen eigene Intoleranz. Aber sie ist für einen spirituellen Menschen nichts Unerwartetes, er rechnet damit. Im Konflikt mit der Welt zu leben, die er zurückgelassen hat, ist für ihn noch kein Grund für Unzufriedenheit.

Doch später, als ich den Swami mitten in den Wäldern des Hunsrücks aufsuchte, gab er mir einen Einblick in sein bewegtes Leben und seinen eigenen Konflikt, der an seiner inneren Zufriedenheit nagte – einen Konflikt, den er durch seine Pilgerreise in den Himalaya überwinden wollte.

In einem kleinen Häuschen, gleich neben einem Tempel, besuchte ich ihn in seinem Arbeitszimmer. Eine lange Warteschlange stand vor der Tür, doch sein Assistent führte mich sofort zu ihm hinein. Sacinandana Swami sprach gerade mit jemandem auf Englisch am Telefon. Er nickte mir freudig zu und bot mir einen Platz an. Die Muschel zuhaltend, flüsterte er: „Ein Ferngespräch nach Indien. Es geht um ein fantastisches Projekt!"

Während er weitersprach, schaute ich mich in seinem Zimmer um. Eine Wand bestand aus einem gewaltigen Bücherregal – kunstvoll aus bestem Holz gezimmert –, in dessen Mitte warmes Kerzenlicht einen Altar beleuchtete. Auch einen Kamin gab es, in dem die Glut funkelte und vereinzelte Flammen tanzten. An den übrigen Wänden hingen fröhlich bunte Gemälde von Radha und Krishna, dem „göttlichen Liebespaar".

Ich erinnerte mich an einen Besuch des Swamis, bei dem wir darüber gesprochen hatten, warum in seiner Religion Gott als Kuhhirte erscheint und eine Geliebte hat. Gott, so hatte er erklärt, sei unbegrenzt und nehme unzählige Formen an. Doch all diese Formen gingen von Krishna aus, der ursprünglichen, persönlichen Gestalt Gottes. In der Beziehung Krishnas mit seinen Verehrern liege eine besondere Süße und zwanglose Vertrautheit, die er in keiner seiner anderen Formen gewähre – daher sein Erscheinen als jugendlicher Kuhhirte. „Kannst du dir irgendeine andere Beziehung vorstellen", so hatte er mich gefragt, „die lieblicher und ungezwungener ist als die zu einem kleinen Jungen, der Kühe und Kälber hütet?"

Jetzt, beim Anblick seiner Bilder, konnte ich ihn eher verstehen als damals. Auch dass Gott eine Geliebte an seiner Seite hat, leuchtete mir heute leichter ein: Gott erscheine immer mit seinen Energien, hatte er mir erklärt, die ihm in seinem spielerischen Tun dienen. Und weil alles in der spirituellen Existenz persönlich sei, personifizierten sich Krishnas Energien in seiner Geliebten, Radha. Daher sei sie immer an seiner Seite, auch auf dem Altar.

Als das Telefonat beendet war, holte Sacinandana Swami mich sanft aus meinen Gedankengängen heraus: „Heute möchte ich dir einen Einblick in mein Leben geben. Bleib bitte ruhig in der Ecke sitzen und beobachte, wie die Besucher mir begegnen. Du wirst für deine soziologischen Studien einen interessanten Einblick in das Denken von spirituell Suchenden bekommen."

Dann traten nach und nach all die Menschen ein, die vor der Tür gewartet hatten. Manche waren seine Schüler und Schülerinnen, andere kamen einfach als Ratsuchende. Auch ein Journalist, der ein Interview für seine Zeitung machte, ganze Familien und zwei Menschen des öffentlichen Lebens, die mir aus dem Fernsehen bekannt waren, suchten ihn auf.

Manche brachten Fragen mit, die sie meiner Meinung nach am besten selbst hätten beantworten sollen. Andere trugen schwerwiegende Probleme vor, die sich der Swami aufmerksam anhörte. Zu allen sprach er, für jeden hatte er einen Rat und eine spirituelle Aufmunterung. Manche verließen das kleine Haus mit Aufgaben, die ihnen der Swami gegeben hatte, andere mit Lösungen für ihre Probleme.

Gegen Mitternacht endete die Besuchszeit, und der Assistent sagte den noch Wartenden, dass Sacinandana Swami am nächsten Morgen einen Vortrag geben werde und dass die Zeit danach für weitere Gespräche reserviert sei.

Als wir wieder alleine waren, fragte mich der Swami, erschöpft lächelnd: „So, was hältst du vom Leben deines Freundes von einem anderen Planeten?" Etwas unsicher antwortete ich: „Es ist wahrscheinlich ziemlich anstrengend, wenn man mit so vielen Menschen zu tun hat."

„Es ist nicht nur anstrengend, sondern eine fast unerträgliche Verantwortung. Viele dieser Menschen nehmen meine Worte als absolute Wahrheit. Sie werden ihr Leben bedingungslos danach richten – und mich werden sie an dem Ergebnis messen. Erschwerend ist, dass die meisten von ihnen keinerlei Vorstellung von meiner Person und meinem Innenleben haben. Sie nehmen mich als Schablone, als den vedischen Sadhu, dessen weiser Rat unerschöpflich und immer für sie abrufbereit ist." Mit einem traurigen Gesichtsausdruck fuhr er fort: „Oft fühle ich mich dazu verurteilt, nur Allgemeingültiges zu antworten. Spirituelles Leben ist etwas sehr Individuelles und Persönliches. Doch weil die meisten Menschen nicht ehrlich genug mit sich selbst sind, können sie keinen tiefen Austausch zulassen. Sie leben in Hülsen, die sie nur um ihrer selbst willen aufrechterhalten oder weil sie andere nicht verletzen wollen. Hinter ihren persönlichen Fassaden liegt ihr eigentliches Selbst versteckt, und davor haben sie noch weitere Fassaden aufgebaut: institutionelle, gesellschaftliche, politische. Genau wie das Innere einer Zwiebel von vielen Schichten umgeben ist, existieren die Menschen auf unterschiedlichen Ebenen. Doch solange sie nicht zu ihrem Wesenskern vorgedrungen sind, leben sie nur in der Illusion ihrer Fassaden, der nutzlosen Umschalungen des eigentlichen Selbst und des wirklichen Lebens. Selbsterkenntnis – und damit auch Gotteserkenntnis – kann nur jemand erlangen, der nicht mehr an diesen Schalen hängt."

An diese Sätze musste ich beim Lesen der vorliegenden Aufzeichnungen oft denken. Damals wusste ich noch nicht, wie sehr er diese Worte auch auf sich selbst bezog. Ich denke, dass es ihm gelungen ist, die Fragwürdigkeit der menschlichen Existenz an seinem eigenen Beispiel zu beleuchten – wozu er nach meinem Ermessen in einem eigentümlichen Sinne qualifiziert ist. Denn Sacinandana Swami gehört zu den Menschen, die sich nicht von den so oft lähmenden Bequemlichkeiten des Lebens binden lassen. Darum sind seine Reiseaufzeichnungen wertvoll für alle, die sich nicht mit erstarrten Verhaltensweisen zufriedengeben, sondern stets aufs Neue aufbrechen wollen. Schließlich setzt jede Entwicklung, jedes Wachstum ein Abschiednehmen vom Gewohnten, Althergebrachten voraus. In Hermann Hesses Gedicht „Stufen“ kommt dies sehr schön zum Ausdruck.

Stufen

Wie jede Blüte welkt und jede Jugend
Dem Alter weicht, blüht jede Lebensstufe,
Blüht jede Weisheit auch und jede Tugend
Zu ihrer Zeit und darf nicht ewig dauern.
Es muss das Herz bei jedem Lebensrufe
Bereit zum Abschied sein und Neubeginne,
Um sich in Tapferkeit und ohne Trauern
In andre, neue Bindungen zu geben.
Und jedem Anfang wohnt ein Zauber inne,
Der uns beschützt und der uns hilft, zu leben.
Wir sollen heiter Raum um Raum durchschreiten,
An keinem wie an einer Heimat hängen,
Der Weltgeist will nicht fesseln uns und engen,
Er will uns Stuf' um Stufe heben, weiten.
Kaum sind wir heimisch einem Lebenskreise
Und traulich eingewohnt, so droht Erschlaffen,
Nur wer bereit zu Aufbruch ist und Reise,
Mag lähmender Gewöhnung sich entraffen.
Es wird vielleicht auch noch die Todesstunde
Uns neuen Räumen jung entgegen senden,
Des Lebens Ruf an uns wird niemals enden …
Wohlan denn, Herz, nimm Abschied und gesunde!

Sacinandana Swami spricht ein Thema an, das uns auch in unserer westlichen, säkularen Tradition begegnet. Loslassen, um Abschied zu nehmen und neu zu beginnen: Dieser oft schmerzhafte, aber nötige Prozess dauert nicht nur ein Leben lang – er ist im Grunde das menschliche Leben selbst. Darin sehe ich den besonderen Geist dieses Buches: Es ist eine Anregung und Aufforderung, die Routine des Alltags immer wieder zu durchbrechen, um jeden Tag in seiner Einmaligkeit und Fülle neu zu erleben.

Der Herausgeber der ersten Ausgabe

1

Albträume

Der größte Schritt ist der aus der Tür.
(Sprichwort)

Ja, auch ich lebe im Konflikt. Schon seit meiner Kindheit mahnt eine sehnsüchtige Stimme in mir – mal lauter, mal leiser. Dann scheint sie für Monate, ja Jahre erstorben zu sein. Doch plötzlich fragt sie mein Gewissen mit unmissverständlicher Eindringlichkeit: „Was für ein seltsames Leben führst du? Tust lauter Dinge, die wie Spiele im Sandkasten anmuten."

Manchmal spanne ich alle Kräfte an, um ein mir gestecktes Ziel zu verfolgen, und arbeite fiebernd darauf zu. Doch wenn es endlich erreicht ist, erfüllt mich keine Zufriedenheit: Schon liegen wieder Welten zwischen mir und einem anderen Ziel, das noch erstrebenswerter erscheint. In solchen Augenblicken bedrängt mich der Gedanke, dass das eigentliche Leben an mir vorbeigeht. Wie ein ewig Dürstender verspüre ich die Sehnsucht nach dem Quell des wahren Lebens, doch meine selbstgesteckten Ziele bringen mich ihm nicht näher. Ich möchte mit dem Herzen und mit dem Kern meines Wesens ganz und gar im spirituellen Leben stehen. Das wäre dann ein Leben, das mich im allertiefsten Kern meines Seins berührt. Doch der Drang, aus eigener Kraft Dinge zu erlangen, kommt mir wie ein Wahn vor, der mich hindert, ein Instrument im göttlichen Plan zu werden.

Und jetzt sitze ich in diesem Flugzeug der *Air India*, das wohl nicht zufällig den Namen *Narasimha* trägt: Narasimha ist der Schutzpatron für alle spirituell Suchenden.

Mit einer Mischung aus innerem Beben und freudiger Erwartung spüre ich, wie die Triebwerke des Flugzeugs starten. Ich bin auf einer Pilgerreise. Das ist immer auch eine innere Reise: Es geht darum, innere Hürden zu überwinden. Das Leben hat mich gelehrt, dass es eigentlich keine äußeren Hindernisse gibt. Zugegeben, Schicksalsschläge wie das Ende einer Beziehung, eine lange Krankheit oder ein fataler Unfall können uns schwer treffen. Doch mit der richtigen inneren Einstellung sind selbst solche Schwierigkeiten leicht zu bewältigen. Wenn es uns gelingt, die eigene begrenzte Sicht aufzugeben, die bunt gefärbten Gläser der Ego-Brille abzulegen, dann gibt es weder schlechte noch gute Lebenslagen: Es gibt nur größere und kleinere Lernsituationen. Auf einer Pilgerreise wird der bewusste Versuch unternommen, alles Kommende mit dieser Haltung wahrzunehmen und vor allem Dankbarkeit zu entwickeln. Bewertungen werden überflüssig. Alles ergibt Sinn.

Meine Reise hat ein Motto: „Der Weg des großen Abschieds." Ich möchte lernen, Hüllen abzustreifen, Perspektiven zu ändern und längst überholte Vorstellungen aufzugeben.

Als wir vom Frankfurter Flughafen abheben, habe ich das Gefühl, dass sich hinter mir eine Tür schließt – sanft, aber endgültig. Ich muss an einen Reisenden denken, der mein Leben verändert hat. Nur ist er damals auf einem Dampfer in die umgekehrte Richtung gereist: von Indien in den Westen. Dieser Reisende ist Shrila Prabhupada, mein spiritueller Meister. Als er nach Amerika kam, äußerlich völlig mittellos, war er bereits neunundsechzig Jahre alt – Zeit, einen heiligen Ort aufzusuchen und sich dort in Meditation zu vertiefen. Doch Shrila Prabhupada hatte einen Auftrag, eine Mission. Hinter ihm stand eine alte Prophezeiung, nach der die Menschen im Westen die Spiritualität der Veden mit Begeisterung aufnehmen würden. Im Jahre 1965 klang das noch völlig unwahrscheinlich, doch für Shrila Prabhupada existierten keine äußeren Hindernisse. Seine Entschlossenheit war gepaart mit unerschütterlichem Vertrauen in Gottes Schutz und Führung.

Ganz zu Beginn, als er noch völlig unbekannt und in einfachsten Verhältnissen in New York lebte, sprach ihn einmal ein Mann auf einer Parkbank an mit der Frage, ob er aus Indien käme. Shrila Prabhupada bejahte, und der Mann fragte nach dem Grund seiner Reise. „Ich habe eine weltweite spirituelle Bewegung ins Leben gerufen", erwiderte Shrila Prabhupada, „viele Bücher übersetzt und über hundert Tempel gegründet. Viele Tausende von Menschen verehren dort Krishna mit seinem heiligen Namen."

Als der Mann neugierig nach der Adresse eines Tempels fragte, wo er solche Menschen treffen könnte, erwiderte Shrila Prabhupada schmunzelnd: „Es trennt uns noch ein wenig Zeit davon."

Die Geschichte weiß, dass diese Zeit gekommen ist. Shrila Prabhupadas spirituelle Bewegung hat sich heute über die ganze Welt verbreitet.

* * *

*„Dear passengers, we have the pleasure to present for your entertainment the fascinating movie ...“**

„O nein!“, denke ich. „Muss das sein? Das sind doch immer die gleichen dummen Streifen, die nicht mehr in den Kinos laufen. Das Kauen von bereits Gekautem – *for the entertainment of our passengers*“.

Was für ein Kontrast zum Anliegen meiner Reise! Aus Erfahrung weiß ich, was jetzt kommen wird: der Kampf um meine Aufmerksamkeit. Ich werde versuchen, den Film nicht zu sehen, der über die Leinwand flimmert, indem ich etwas Geistreiches lese. Doch immer wieder werde ich meine Augen dabei ertappen, wie sie der magischen Anziehung folgen, zur Leinwand abschweifen und sich dort festsaugen.

Auch diesmal ist es nicht anders. Ich lese: „Man sollte Yoga mit Entschlossenheit und Glauben praktizieren und nicht vom Pfad abweichen “ und sehe plötzlich Vulkanausbrüche, Schlägereien, Liebesszenen und eine Stadt, die durch ein Erdbeben in sich zusammenfällt. Da man sich für den Ton einen Kopfhörer ausleihen muss, kann ich mir aus der Aufregung auf der Leinwand keinen rechten Reim machen. Umso besser – also weiter in der *Bhagavad-Gita:*

* „Sehr geehrte Passagiere, zu Ihrer Unterhaltung präsentieren wir Ihnen nun den faszinierenden Film ...“

Was Entschlossenheit betrifft, so sollte man dem Beispiel des Sperlingsweibchens folgen, das seine Eier in den Wellen des Ozeans verlor. Ein Sperling hatte seine Eier an das Meeresufer gelegt, aber der große Ozean trug die Eier auf seinen Wellen davon. Aufgeregt bat der kleine Vogel den Ozean, die Eier zurückzugeben. Der Ozean jedoch beachtete ihn nicht einmal. Darauf entschloss sich der Sperling, den Ozean zu leeren und auszutrocknen und begann mit seinem kleinen Schnabel Wasser zu schöpfen. Alle lachten über seine unmögliche Entschlossenheit, und die Kunde von seinem Vorhaben verbreitete sich rasch. Schließlich hörte auch Garuda, der gigantische gefiederte Träger Vishnus, davon. Er bekam Mitleid mit seiner kleinen Vogelschwester, und so kam er persönlich herbei. Als er die Entschlossenheit des kleinen Sperlings sah, war er sehr erfreut und versprach, ihm zu helfen. Garuda befahl dem Ozean, die Eier zurückzugeben, und drohte, andernfalls selbst die Arbeit des Sperlings zu übernehmen. Der Ozean erschrak sehr und gab die Eier sofort zurück.

In ähnlicher Weise mag das Praktizieren von Yoga sehr schwierig erscheinen, doch wenn man den Prinzipien mit großer Entschlossenheit folgt, wird einem der Herr mit Sicherheit helfen, denn: Hilf dir selbst, so hilft dir Gott.

Zwischendurch haben meine Augen immer wieder den Weg auf die Leinwand gefunden, und langsam fügen sich die Eindrücke zusammen: Es ist ein Katastrophenfilm. Eine

Familie bemüht sich mit großer Entschlossenheit, den dahingleitenden Lavamassen eines Vulkanausbruchs zu entfliehen. Erst fahren sie mit einem Auto, steigen dann in ein Kanu um und rasen darauf mit einem Jeep weiter. Schließlich entscheidet sich der Held, den gefährlichen Weg durch einen verlassenen Bergschacht zu nehmen, um in die Freiheit zu entkommen.

Dann sehe ich unruhige Szenen aus meinem eigenen Leben. Schnell und schneller wechseln sie: Kanufahren bei Sturm in der Ostsee; mit dem Überlandbus durch den Hindukusch nach Indien, wo auf einem Bergkamm ein paar Jungen mit Steinschleudern die Busfenster zertrümmern; splitternde Scheiben in Ljubljana, als während meines Vortrags die Serben die Slowenen angreifen …

Mitten im Chaos taucht plötzlich, wie der scheinende Vollmond in einer sturmgepeitschten Nacht, eine Geschichte aus den heiligen Schriften auf, voll tiefer Bedeutung und sanftem Trost: „Wie lange dauert der Traum des materiellen Lebens an? Wann können wir Befreiung erlangen?", fragt der weise König Janaka seinen ungewöhnlichen Gast, den in bescheidene Bettelgewänder gekleideten Ashtavakra. Der Heilige schaut ihn mit seinen dunklen Augen an – Augen, in denen sich der König zu verlieren scheint –, dann steht er auf und geht ruhig zu einer mit Juwelen geschmückten Säule. Jäh umarmt er die Säule mit vehementer Kraft und schreit: „Lass mich los! Lass mich endlich los! Wie lange willst du mich noch halten – gib mir endlich die Freiheit!"

Ungläubig schauen der König und seine Minister dem Schauspiel zu. Die Soldaten werfen sich unsicher Blicke zu – ob sie eingreifen sollen?

Der Heilige blickt mit seinen tiefen Augen den König an, löst seine Umarmung von der Säule und geht gelassen aus dem Königssaal.

König Janaka versteht und folgt ihm in den Wald, um dort Unterweisungen von ihm zu bekommen – Unterweisungen in der Kunst des Loslassens, Unterweisungen für den Weg des großen Abschieds.

Dann sehe ich mich auf einem Pferd eine Landstraße entlangreiten. Ich kann es nicht zum Halten bringen. Es wird schneller und schneller, wir galoppieren durch ein Dorf und überholen einen Leichenzug. In dem Sarg sehe ich mich …

„*You must be dreaming bad dreams, you were shouting.*"* Mein Nachbar, ein freundlich lächelnder Inder, hat mich wachgerüttelt. Jeder kennt diese Albträume. Vielleicht liegt es an der ungewohnten Situation in dem Flugzeug? Oder am unbändigen Wunsch, etwas zu verändern, vor etwas Unheilvollem davonzulaufen? Ich wusste gar nicht, dass es so schlimm um mich steht. Dieser Katastrophenfilm kam genau richtig – ein Spiegel! Er zeigt mir, dass ich etwas verändern muss. Jetzt ist ein guter Zeitpunkt: Ich bin auf einer Pilgerreise, bei der ich auf eine göttliche Intervention hoffen darf, denn es geht zu einem der heiligsten aller Orte – Badrinath.

Ich bedanke mich bei meinem Nachbarn, drehe mich um und versuche, es mir auf meinem engen Sitz bequem zu machen. Ruhig schlafe ich weiter bis zu unserer Ankunft in Delhi.

* „Sie müssen schlecht geträumt haben. Sie haben geschrien."

2

Mutter Ganga

Bei zwei Personen finde ich Zuflucht in Bengalen:
bei meiner leiblichen Mutter und bei Mutter Ganga.
Beide sind sehr barmherzig.
(Caitanya Mahaprabhu)

Warum kommt man bloß immer um zwei Uhr morgens in Delhi an? Das Schlangestehen vor dem Einwanderungsschalter und das Gepäckholen geschehen wie im Traum.

In der Ankunftshalle treffe ich die ersten Mitglieder unserer Reisegruppe: Atmananda und Bharata. Als wir gemeinsam den Flughafen verlassen, werden wir von Dr. Aurelius und einem Inder, der sich als unser Fahrer vorstellt, mit Blumengirlanden und einem freudigen Lächeln begrüßt. Schließlich stoßen Bala Gopala und Lakshmana zu uns. Sie waren schon zwei Tage vor mir nach Indien geflogen und haben sich in einem Wartesaal die Nacht mit indischen Kitschfilmen um die Ohren geschlagen. Unsere Pilgergruppe ist vollzählig. Nach einer Stunde Gepäckaufladen sitzen wir im Jeep und brechen auf nach Haridwar.

Eine Nachtfahrt in Indien unterscheidet sich kaum von

einem Fiebertraum, besonders wenn man erschöpft ist. Aus der Dunkelheit fliegen uns Bilder der Großstadt Delhi entgegen: zahnlose Bettler, die am Straßenrand liegen und ihre Hände flehend nach uns ausstrecken; Soldaten, die irgendwelche Checkpoints bewohnen; Wasserbüffel, die auf einem Laster transportiert werden, dessen Fahrer immer wieder einschläft und im Zickzack fährt, weshalb man ihn nicht überholen kann.

Schließlich fahren wir über Land, aber der Albtraum geht weiter: Kamele, die ihre schlafenden Besitzer auf Karren die Straße entlangziehen; ein verschreckt über die Straße galoppierender Elefant, dem wir nur mit knapper Not ausweichen können; defekte Laster, deren völlig berauschte Fahrer verrückte Dinge anstellen, um ihr Gefährt wieder zum Laufen zu bringen ... Abgekämpft kommen wir am Morgen in einem Ashram an der Ganga zur Ruhe und schlafen uns erst einmal den Westen und die indische Nacht aus der Psyche.

Viele Stunden später wird die dichte Decke meines Erschöpfungsschlafes allmählich dünner, und schließlich dringen Geräusche zu mir vor: das stille Gleiten der Ganga und darüber die sich ständig wiederholende Melodie einer indischen Oboe, deren klagende Töne wie eine Mischung aus heiligen Melodien und sanftem Freejazz klingen. Erholt und froh, wohlbehalten angekommen zu sein, stehe ich auf und sehe aus dem Fenster. Vom dritten Stockwerk unseres direkt am Ufer erbauten Ashrams blicke ich auf Mutter Ganga, die mit beruhigendem Gleichmut Einzug in die indische Tiefebene hält.

Haridwar bedeutet „das Tor zu Hari". Es ist das letzte größere Städtchen vor dem Himalaya. Shrila Prabhupada schreibt über Haridwar: „In Indien gibt es viele Pilgerorte, und die berühmtesten unter ihnen sind Badri-narayana, Dvaraka, Rameshvara und Jagannatha Puri. Um nach Badrinarayana zu gelangen, muss man zunächst durch Haridwar gehen, das ‚Tor zum höchsten Herrn'."

Der Tradition folgend, sind in vergangenen Zeiten oft Menschen in den Himalaya gepilgert, um den „Weg ohne Rückkehr" zu gehen. Ihre Absicht war nicht, wieder in ihre Heimat zurückzukehren, sondern so lange in die Höhen der Berge zu wandern, bis sie entkräftet zusammensanken und den Körper verließen. Diese Art zu sterben war natürlich Menschen mit einer spirituellen Lebensauffassung vorbehalten. Für sie ist der Himalaya schon immer ein beliebter Zufluchtsort gewesen. In der *Bhagavad-Gita* erklärt Krishna, dass er von allen unbeweglichen Dingen der Himalaya ist – die endgültige Zuflucht.

Doch nicht nur Menschen, die kurz vor dem Tode stehen, suchen den Himalaya auf. Diese Berge sind berühmt für ihren natürlichen Reichtum. Unzählige Höhlen dienen Yogis und asketischen Eremiten als Behausung; Bäume und Sträucher voller Früchte sorgen für ihre Ernährung; Wasserquellen löschen ihren Durst, und Heilkräuter und Mineralien stehen in großen Mengen zur Verfügung. Selbst die ärmsten Menschen können in diesem gewaltigen Gebirge Zuflucht finden.

Solche Pilger werden in einem Vers des *Shrimad Bhagavatam,* eines der wichtigsten Werke der vedischen Schriften, sehr treffend beschrieben: „Diejenigen sind zweifellos weise, die ihr Heim verlassen und völlig auf den höchsten Herrn vertrauen, weil sie das trügerische, leidvolle

Wesen der materiellen Welt erkannt haben – entweder weil andere sie darauf aufmerksam gemacht haben oder weil sie von selbst erwacht sind."

Mein Ziel ist das gleiche – mit dem großen Unterschied, dass ich, zumindest geographisch gesehen, aller Wahrscheinlichkeit nach zurückkehren werde. Ich wandle auf dem Pfad des Aufbruchs, um mir über meine inneren Konflikte klar zu werden und eine Lösung für sie zu finden. Ich möchte aufbrechen, neue Schritte im Leben gehen, aber natürlich im gleichen Körper und ohne vor meinen Aufgaben davonzulaufen. Und ich weiß, dass ich viel Kraft dazu brauche.

Mir fällt ein Zitat ein, das ich irgendwo einmal gehört habe: „Nicht weil es so schwer ist, wagen wir es nicht, sondern weil wir es nicht wagen, ist es so schwer."

Mein Lehrmeister soll die Schlange sein, die in gewissen Zeitabständen immer wieder die Einsamkeit aufsucht, um sich zu häuten. Die alten Häute, von denen wir uns trennen müssen, sind vergleichbar mit überholten Meinungen und Ansichten, Überzeugungen, die dem Ego entspringen, Gewohnheiten, die nicht heilsam sind, und manchmal auch der Bindung an Weggefährten. Wo kein Freiraum geschaffen wird, kann auch nichts Neues gedeihen.

Ich will auch vom Känguru lernen, das nie einen Schritt zurückgeht, und vom Delphin, der alles im Spiel tut – nicht im Wettkampf, wo es Verlierer und Gewinner gibt.

Mit diesen Gedanken mache ich mich auf den Weg zur Ganga. Im Zimmer meiner Mitpilger rührt sich noch nichts, nur ein gelegentliches Aufschnarchen ist zu hören. Nachdem ich eine Flucht von Stufen hinuntergestiegen bin und mich mit Hilfe suchenden *„Gangama? Gangama?"*-Rufen durch das Labyrinth der Gässchen gefragt habe, komme ich zum Ufer. Wie schön, ich bin ganz allein!

Ich setze mich ans Wasser und schaue einfach nur, überlasse mich den Eindrücken. In den ruhig dahingleitenden Fluten gibt es vieles zu sehen. Zuerst sind es nur Wellen und ihre Muster, dann kommt gelegentlich eine Kokosnuss vorbei oder der Stofffetzen eines Saris.

Meine erste Begegnung mit Mutter Ganga ist bis heute eine meiner liebsten Erinnerungen an Indien geblieben. Das war ungefähr 1975 in dem Pilgerort Mayapur. Ich kann mich noch deutlich erinnern, wie ich zur Ganga lief, mir ein Badetuch umband und in das kühlende Wasser stieg. Bald war ich ganz von sanften Fluten umgeben; sie gaben mir das Gefühl, bei einer liebenden und umsorgenden Person geborgen zu sein. Nachdem ich ein wenig geschwommen war, ging ich zum Ufer zurück und blieb im hüfthohen Wasser stehen, da ich den Impuls verspürte, Mutter Ganga etwas zu geben. Es heißt, wenn man der Ganga liebevoll ihr eigenes Wasser darbringt, nimmt sie die innere Haltung, mit der dies geschieht, als eine Opfergabe entgegen.

So schöpfte ich etwas Wasser mit meinen hohlen Händen, weihte es, indem ich mit den Händen drei Kreise im Uhrzeigersinn beschrieb und dabei Gebete sprach, und gab das Wasser zurück in die Strömung. Da nahm ich ganz deutlich die Gegenwart einer göttlichen Persönlichkeit wahr, die sich seit unvordenklicher Zeit bemüht, mein Gottesbewusstsein zu entwickeln. Impulsiv blieb ich im Wasser stehen und chantete mein Gayatri-Mantra. Dieses Mantra wird von den Brahmanen dreimal täglich im Geist rezitiert. Noch nie zuvor war ich dabei so vertieft gewesen. Als ich die letzte Zeile beendet hatte, hörte ich in einiger Entfernung eine Tempelglocke läuten, und die heiligen Namen Krishnas ertönten über dem göttlichen Gewässer. Wenig später ging die Sonne unter und hüllte den Fluss in ihr Licht. Es war, als bestünde die Ganga aus flüssigem Gold.

Von ihrer Quelle in dieser Welt, dem Gangotri, bis zur Mündung am Indischen Ozean legt die Ganga 2522 km zurück. Auf der langen Reise pumpen 27 Großstädte täglich 920 Millionen Liter Abwasser in den Fluss. Dazu kommen noch all die körperlichen Überreste von Mensch und Tier, die Mutter Ganga anvertraut werden.

Dennoch bleibt sie unberührt. Pilger, die in ihr ein Bad nehmen, können erfahren, dass die Ganga auf alles eine reinigende Wirkung hat, doch selbst nicht verunreinigt wird. Laut den Veden kann man eine transzendentale Persönlichkeit daran erkennen, dass sie alles, was mit ihr in Kontakt kommt, sofort von allem Unreinen befreit. Eine solche transzendentale Person ist die Ganga. Wenn man an ihrem Ufer sitzt und einfach nur den Luftstrom einatmet, der den Geruch ihres Wassers mit sich trägt, weichen alle materiellen Ängste und Verunreinigungen aus dem Geist.

Auch auf der physischen Ebene wurde die verblüffende reinigende Kraft der Ganga untersucht und bestätigt. Viele Wissenschaftler haben herausgefunden, dass das Wasser der Ganga im Gegensatz zu gewöhnlichem Wasser nicht schlecht wird, selbst wenn man es lange lagert – im Gegenteil, es nimmt sogar an Reinheit zu und bleibt praktisch für unbegrenzte Zeit trinkbar, eine Eigenschaft, die selbst destilliertes Wasser nicht aufweist.

Dr. Aurelius, unser Mediziner, hat mich auf der Hinfahrt

ausführlich darüber aufgeklärt. So berichtete der britische Physiker C. E. Nelson, dass Ganga-Wasser von der stark verunreinigten Hooghly-Mündung während der gesamten Überfahrt der Schiffe zurück nach England frisch blieb.

Der britische Physiker E. Hanbury Hankin schrieb im französischen Magazin *Annales de l'Institut Pasteur,* dass Cholera-Erreger in Ganga-Wasser innerhalb von sechs Stunden abstarben, während sie sich in destilliertem Wasser sogar nach 48 Stunden noch weiter verbreiteten. Selbst wenn er immer wieder mit Cholera-Bakterien verseuchtes Wasser zu der Probe aus der Ganga hinzufügte, starben die Krankheitserreger stets nach sechs Stunden ab.

Der französische Wissenschaftler Herelle untersuchte das Wasser der Ganga an einer Stelle, wo Leichname von Ruhr- und Choleraopfern am Ufer lagen. Zu seiner großen Verwunderung konnte er keine Krankheitserreger im Wasser finden, obwohl diese Stelle eigentlich hochgradig mit Bakterien hätte belastet sein müssen.

In jüngerer Vergangenheit hat D. S. Bhargava, ein indischer Umweltingenieur, die bemerkenswerte Selbstreinigungskraft der Ganga untersucht. Er kam zu dem Ergebnis, dass die Ganga den biochemischen Bedarf an Sauerstoff viel schneller reduzieren und Verschmutzungen fünfzehn- bis zwanzigmal schneller abbauen kann, als dies bei anderen Flüssen geschieht.

Doch weil die Forscher die spirituelle Kraft der Ganga nicht verstehen, können sie keine zufriedenstellende Erklärung für die reinigende Wirkung ihres Wassers geben.

Auch moslemische Herrscher wie Aurangzeb und Akbar schätzten die besonderen Qualitäten des Ganga-Wassers. Sie benutzten es nicht nur zum Trinken, sondern auch zum Kochen, egal wo sie sich aufhielten. Dabei ließen sie sich nicht von religiösen Empfindungen leiten, wie man dies bei Hindus vermuten könnte. Nein, sie machten ganz einfach die praktische Erfahrung, dass Ganga-Wasser unvergleichlich süß und erfrischend schmeckt und niemals schal wird, ganz gleich, wie lange man es aufbewahrt.

Viele andere Indienreisende bestätigten diese wundersame Eigenschaft der Ganga. Ein typisches Beispiel ist die folgende Tagebuchnotiz von Nicholas Withington, der von 1612 bis 1616 Indien bereiste: „Pilger tragen das Wasser der Ganga oft viele hundert Meilen weit fort. Sie bestätigen, dass es niemals anfängt zu riechen, obwohl es so lange aufbewahrt wird, und dass darin niemals Würmer oder Parasiten brüten."

Mutter Ganga hat verschiedene Dimensionen. Auf einer Ebene ist sie Wasser, H_2O. Auf einer anderen Ebene ist sie eine göttliche Persönlichkeit, und auf einer weiteren ist sie flüssige Liebe zu Gott. Es ist wie mit einem guten Buch: Auf einer Wahrnehmungsebene besteht es aus einer Kombination von verschiedenen Buchstaben, die in unterschiedlichen Variationen aufeinander folgen. Auf einer zweiten Ebene ist das Buch ein Schatz an Informationen und auf einer dritten eine Quelle der Motivation und Inspiration. Es hängt von uns ab, wie wir es auffassen und nutzen. Ein Analphabet wird das Buch vielleicht nur als Gewicht benutzen, um Gemüse aufzuwiegen. In der gleichen Weise wird ein gewöhnlicher Tourist die Ganga nur als malerisches Fotomotiv festhalten. Ein intelligenter Mensch hingegen bemüht sich, den vollen Nutzen von Mutter Ganga zu erhalten, um sein ursprüngliches Gottesbewusstsein wiederzuerwecken.

* * *

Plötzlich scheint der Fluss zu reden. Er spricht von Ewigkeit, von unserem eigenen unsterblichen Selbst und dem im Verborgenen wartenden Gott. Man glaubt Mantras zu hören, religiöse Lieder zu vernehmen und an all den spirituellen Handlungen teilzuhaben, die seit unvordenklichen Zeiten am Ufer der Ganga ausgeführt werden. Ach, wie unbedeutend erscheint mir meine kleine Welt, die ich mir während meiner dreiundvierzig Jahre aufgebaut habe!

Viele Jahrtausende hindurch hat Mutter Ganga eine wichtige Rolle im spirituellen Leben der Menschen gespielt. Dem Agni Purana zufolge werden alle Orte, durch die die Ganga fließt, heilig und erhaben. Die Ganga zu sehen, ihr Wasser zu berühren und es zu trinken reinigt jedes Lebewesen. Sie ist stark, stolz und überwältigend, aber auch demütig, friedfertig und freigebig. Sie verändert sich ständig und bleibt doch immer die Gleiche.

Mutter Ganga hat übernatürliche Kräfte. Sie versorgt Millionen von Menschen, die an ihren Ufern wohnen, und gibt den Frommen Segnungen. Ihr Wasser kann jeden Sterblichen reinigen. Sie heilt die Leiden der Kranken, und den Sterbenden gewährt sie Befreiung aus dem Kreislauf von Geburt und Tod. Wenn die Knochen eines Verstorbenen in die Ganga gebracht werden, so heißt es im *Mahabharata,* wird der Verschiedene die himmlischen Planeten erreichen. Selbst jemand, der sein ganzes Leben lang gesündigt hat, wird in das Reich Gottes gelangen, wenn er Mutter Ganga verehrt, und wen der Wind berührt, der zuvor über Ganga-Wasser gestrichen ist, dessen Sünden werden vollständig getilgt.

Das *Shrimad Bhagavatam* schildert, wie die Ganga auf die Erde herabkam: Vor langer, langer Zeit bezwang ein König namens Bali alle Bewohner des Universums. Nachdem er die mächtigen Halbgötter besiegt hatte, vertrieb er sie aus ihren Wohnstätten im Himmel und erklärte sich selbst zum König der himmlischen Planeten.

Aditi, die weise Mutter der Himmelsbewohner, war tief bekümmert über die Niederlage ihrer Söhne. Zwölf Tage lang fastete sie und betete zu Vishnu. Erfreut über Aditis Hingabe, erklärte sich der barmherzige Herr bereit, den Halbgöttern zu helfen. Er wollte jedoch Bali nicht einfach mit seiner göttlichen Macht überwältigen, sondern ihn dazu bringen, dass er sich ihm aus eigenen Stücken ergab. Um dies zu erreichen, nahm er eine besondere Form an: Er erschien als ein kleiner, bezaubernd schöner Brahmanenjunge. In dieser Form, genannt Vamana – was „Zwerg" bedeutet – erblickte ihn Bali.

Die Ausstrahlung dieser göttlichen Erscheinung war so leuchtend und überwältigend, als wären Millionen von Sonnen gleichzeitig aufgegangen. Bezaubert von Vamanas Schönheit und Reinheit, erbot sich Bali, ihm eine Spende zu geben, egal was er wünsche. Der kleine jugendliche Brahmane erklärte, er sei zufrieden mit so viel Land, wie er mit drei Schritten abmessen könne. Der König war etwas beschämt über diese in seinen Augen armselige Spende. Doch Vamana erklärte: „Wäre ich nicht mit drei Schritten Land zufrieden, dann wäre ich es auch dann nicht, wenn du mir ein ganzes Königreich gäbest. Denn dann würde ich immer noch hoffen, eines Tages mehr zu erlangen. Wenn ich hingegen mit dem zufrieden bin, was mir von Natur aus zusteht, werde ich glücklich und zufrieden in dieser Welt leben."

Als Bali diese weisen Worte vernahm, erklärte er sich einverstanden und sicherte dem Brahmanen seine drei Schritte Land zu.

Doch Vamana ist niemand anders als der allmächtige Herr, der Schöpfer und Erhalter aller Welten. Seine transzendentale Form ist nicht an die materiellen Gesetze gebunden. Vor den Augen Balis wuchs und wuchs er, bis seine Gestalt so gigantisch groß war, dass er mit seinem ersten Schritt das ganze Universum durchmaß. Damit hatte er das verlorene Eigentum der Halbgötter wieder in Besitz genommen. Mit seinem zweiten Schritt trat Vamana ein Loch in die Hülle des Universums, worauf Wasser aus der spirituellen Welt ins Universum floss. Und seinen dritten Schritt setzte Vamana auf Balis Kopf, der sich ihm ergab und sein Verehrer wurde.

Das Wasser, das durch das Loch im Universum eindrang, wurde als Ganga bekannt. Weil die Ganga aus der spirituellen Welt kommt und weil Vamana, die mächtige Inkarnation Vishnus, sie mit seinem Fuß berührte, wird sie als heilig betrachtet.

Ursprünglich floss die Ganga nur auf den himmlischen Planeten. Doch ein großer König namens Bhagiratha hegte den Wunsch, dass sie auch auf die Erde herabkäme, um diese zu reinigen. Auf seine inständigen Gebete hin erschien Ganga Devi, die Göttin des Flusses, persönlich vor dem König. Grundsätzlich war sie einverstanden, seinem Wunsch

Folge zu leisten, doch eines machte ihr Sorgen: „Wenn ich vom Himmel auf die Erde stürze, werde ich durch meine Wucht die Erde aus ihrer Bahn werfen. Und wenn mich niemand aufhält, werde ich durch die Erde hindurchschießen und in die niederen Regionen des Universums fallen."

Um Ganga Devis Befürchtung zu beseitigen, betete König Bhagiratha zu Shiva und bat den mächtigen Halbgott um Unterstützung. Shiva willigte ein und ließ sich an dem Ort nieder, wo die Ganga auf die Erde auftrifft. Seit jener Zeit fängt er das geheiligte Ganga-Wasser mit seinem Kopf auf und mildert die Wucht ihres Aufpralls.

Dort, wo Gangas stürmischer Fall von den himmlischen Planeten von Shivas Kopf aufgehalten wird, teilt sie sich in viele Arme. Der Hauptstrom stürzt in das Gebiet von Gaumukh und bildet dort die Bhagirathi Ganga. Wegen der in dieser Höhe herrschenden Kälte friert der Fluss auf der Stelle ein. Die Ganga-Quelle ist somit ein Gletscher. Wenn man sich neben den Gletscher setzt, kann man hören, wie sich das Eis ständig bewegt und auch bricht. Die Ganga kommt nicht als ein kleines Rinnsal aus seiner Quelle, sondern schießt mit gewaltiger Kraft aus einer Gletscheröffnung hervor. Wegen der eigentümlichen Form der Öffnung trägt der Ort den Namen Gaumukh, „Kuhmaul".

* * *

Lange sitze ich in Gedanken versunken da und gebe mich ganz der Gegenwart Ganga Devis hin. Ich habe den untrüglichen Eindruck, dass sie nicht mehr nur in ihrem Flussbett fließt, sondern auch in meinem Herzen. Sie löst die darin eingeprägten Eindrücke der Vergangenheit auf und trägt die Bruchstücke der Erinnerungen hinweg, so wie sie auch Kokosnüsse und Abfall hinwegträgt. Als die Sonne langsam untergeht, nehme ich ein Bad in ihrem erfrischenden Wasser. Ganz tief tauche ich in sie ein und sauge ihre spirituelle Gegenwart in mein Bewusstsein auf. Sie ist kalt, aber freundlich, und als ich schließlich wieder triefend am Ufer stehe, fühle ich mich ganz und gar erleichtert.

Ein Sadhu, ein heiliger Bettelmönch, ist in der Zwischenzeit eingetroffen. Er führt eine Puja durch, eine kurze rituelle Zeremonie zur Verehrung der Ganga. Seine Mantras kennt er gut, sie kommen ihm schnell von den Lippen, und an der geübten Art, wie er sein Bad nimmt, sehe ich, dass es ein oft wiederholtes Ritual ist. Erst wäscht er seine einfachen Kleider und hängt sie in die Strahlen der untergehenden Sonne, dann steigt er ins Wasser. Als er herauskommt, sind die Sachen schon trocken. Wenige Minuten später sehe ich ihn ein kleines Tempelchen öffnen und dort seine Verehrung durchführen.

Was mich schon immer beeindruckt hat, ist die Zielstrebigkeit, mit der spirituell ausgerichtete Menschen in Indien ihren Tätigkeiten nachgehen. Ihre völlige Konzentration verleiht ihnen eine Aura, als blieben sie in ihrer Welt und kämen einem nicht nahe, selbst wenn sie, wie bei manchen religiösen Festivals, zu Tausenden auf engstem Raum leben. Dies liegt wohl daran, dass sie mit einer höheren Wirklichkeit kommunizieren und so in der spirituellen Atmosphäre verweilen. Aus diesem Grund fühlt es sich an einem heiligen Ort ganz anders an als in einer Straßenbahn, selbst wenn beide Orte gleich überfüllt sind. Das Bewusstsein macht den Unterschied.

Bala Gopala, der schon einmal in Haridwar war, erzählt uns, dass in einer halben Stunde die allabendliche Ganga-Puja stattfindet. Wir eilen durch die engen Gassen, um rechtzeitig dort zu sein.

Die Sonne ist schon untergegangen, doch links und rechts der Straßen strömt Licht aus Läden, in denen alles nur Erdenkliche angeboten wird: kleine Shivas, mittelgroße Shivas, große Shivas, riesengroße Shivas, Rudraketten, Devotionalien, Postkarten, Kochtöpfe, Fanta … das Einkaufschaos einer heiligen Stadt umfängt uns. Die Läden sehen aus wie überfüllte Puppenstuben mit faul daliegenden Verkäufern, die zu wenig Bewegung haben und zu viel essen. Irgendwann kommen wir an einen großen Boulevard, auf dem sich das abendliche Leben Haridwars abspielt: Schlangenbeschwörer bringen ihre Kobras zum Tanzen; ein Mann läuft mit einem angeketteten Äffchen vorbei, das zu rasenden Trommelschlägen tanzt; jemand liest, von einer großen Traube Zuhörer umringt, aus den heiligen Schriften vor. Wir eilen an einem Yogi vorbei, der in einem Dornbusch liegt, mit einigen gespendeten Münzen neben sich. Und dann stehen wir plötzlich in einer langen Reihe von Bettlern. Lakshmana erinnert sich, dass er an dieser Stelle vor zehn Jahren seine erste große Übung im Loslassen unternommen hat: Während eines Festes spendete er allen Bettlern, die hier Schlange saßen, einige Rupien und teilte danach Prasadam, geheiligte Speisen, an sie aus.

Plötzlich stiebt die Menge auseinander wie ein Schwarm Stichlinge, in den ein Hecht einfällt: Ein wild gewordener Stier stürmt den Boulevard hinunter. Wir können gerade noch hinter eine Säule springen. Als er schnaubend vorbeigaloppiert ist, schließt sich die Menge wieder, als wäre nichts geschehen.

Nach einer scharfen Rechtskurve überqueren wir einen schnell dahinfließenden Nebenarm der Ganga und kämpfen uns zu einem guten Sichtplatz auf der Halbinsel durch. Soweit das Auge reicht: nichts als Menschen. Trotz der großen Menge herrscht eine friedliche, aber erwartungsvolle Atmosphäre. Am anderen Ufer geht das heilige Spektakel los. Jeder der sieben Priester entzündet eine einen Meter hohe Lampe, auf der in mehreren Etagen kleine Kerzen brennen. Die Priester stellen sich ins knöcheltiefe Wasser und schwenken ihre riesigen Opferlampen zur Ganga hin, während die Glocken von allen Tempeln gleichzeitig läuten. Es gibt kaum elektrisches Licht, und selbst das geht aufgrund des in Indien unvermeidlichen Stromausfalls manchmal aus. Doch das macht die Atmosphäre nur noch originaler. Inzwischen singen die Leute ein Lied zur Verherrlichung Mutter Gangas und dann das Lied *om jaya jagadisha hare.*

Es ist kaum möglich, die Stimmung unter den zehn- bis zwanzigtausend Menschen, die sich hier eingefunden haben, zu beschreiben. Sie berühren respektvoll das Wasser der Ganga, trinken einige Tropfen und tauchen ein in die Gegenwart Ganga Devis. Durch die Ganga-Puja wird eine Art spirituelle Verbindung zu der Göttin hergestellt, und man spürt förmlich, wie sie die Verehrung erwidert. Das Licht der kreisenden Lampen bricht sich in den Wellen in Tausende von kleinen Facetten und bildet Formen wie Arme, die sich über das Wasser strecken, als ob sie die Opfergaben annähmen. Es scheint, als stiege Mutter Ganga aus dem Fluss, um persönlich an der Feier teilzunehmen.

Die Pilger können sich am Ufer kleine Blätterkörbe kaufen, die mit Blumen gefüllt sind und in deren Mitte eine Kerze steht. Diese Lichter bestehen aus kleinen Dochten, die in Ghee, geklärte Butter, getaucht sind. Die Pilger bringen die Körbchen der Ganga dar und setzen sie dann in den Fluss. Ich besorge mir einen riesigen Blätterkorb mit fünf Ghee-Lichtern. Erst beim dritten Versuch gelingt es mir, die indischen Streichhölzer anzuzünden, doch schließlich brennen alle Lichter. Indem ich Ganga Devi lobpreise, bringe ich ihr meine Opfergabe dar. Ich bete: „O Ganga Devi, du fließt auf den himmlischen Planeten in einer subtilen Form und auf der Erde als ein Fluss. Doch in deiner eigentlichen Form bist du eine wunderschöne Göttin, und dein Herz ist voller Mitleid mit den gefallenen Seelen in dieser Welt. Bitte sei mit dieser Opfergabe zufrieden. Wir sind ausgezogen, um den Pfad des großen Abschieds zu gehen. Bitte begleite uns mit deinem Wohlwollen und segne unsere Herzen mit spirituellen Erfahrungen, durch die wir die Fesseln der Illusion überwinden können."

Als ich den Korb in die Arme der schnell dahingleitenden Ganga lege, klärt mich ein kleiner Junge auf, dass er die Opferung für nur eine Rupie noch optimieren könne. Er nimmt meine Münze, springt ins Wasser und bringt meinen Korb in die Mitte des Flusses, damit er nicht am Ufer hängenbleibt. Ich sehe dem Korb nach, der schnell in der Dunkelheit verschwindet. Hoffentlich nimmt Ganga meine Gebete an, so dass die Pilgerreise erfolgreich wird!

Jetzt habe ich Zeit, mich auf das Geschehen um mich herum zu konzentrieren. Ich treffe sogar einen Rechtsanwalt aus München, der einfach nur dasitzt und die heilige

Atmosphäre auf sich einwirken lässt. Während ich mit ihm spreche, sammelt sich eine neugierige Menge von Indern um uns. Wissbegierig fragen sie mich, was ich in Haridwar vorhabe. Ich erkläre ihnen, dass dies der Ausgangspunkt für eine Reise nach Badrinath sei. Bewundernd schauen sie mich an – *„Oh, Badrinath! Very difficult to go!"** – und falten beim Gedanken an den Herrn ehrfürchtig die Hände. Dann richtet sich ihr Interesse jedoch wieder ganz auf mich, den „weißen Elefanten". In Indien ist es nicht selten, einen Mönch zu sehen, genauso wie man dort oft einen Elefanten trifft. Ein weißer Mönch ist jedoch so ungewöhnlich wie ein weißer Elefant. Ihre Wissbegierde kennt kaum Grenzen. Es ist schwierig für sie zu verstehen, wie wir Westländer dem materiellen Leben entsagen können. Als ich ihnen erzähle, dass mein Vater Direktor der Deutschen Bundesbahn war und ich mein Zuhause verlassen habe, um den Pfad des Krishna-Bewusstseins zu gehen, wächst ihre Achtung noch mehr, doch ihre Fragen hören nicht auf: Wie ich denn aber jetzt versorgt würde? (Sie stellen genau die gleichen Fragen wie die Leute in Deutschland!) Ich begegne ihren Befürchtungen mit einem Vers aus der *Bhagavad-Gita,* in dem Krishna erklärt: „Wer mich voller Hingabe verehrt und über meine transzendentale Gestalt meditiert, dem gebe ich alles, was er braucht, und ich erhalte, was er hat."

Um ihnen zu erklären, was Krishna damit meint, erzähle ich eine alte Geschichte: Vor langer Zeit gab es einen Brahmanen, der Kommentare zur *Bhagavad-Gita* schrieb. Als er zu dem obigen Vers kam, erwachte in ihm ein Zweifel: Kann

* „Oh, Badrinath! Ein schwieriger Weg!"

sich Krishna wirklich persönlich um all seine Verehrer kümmern? Er hat doch so viel zu tun! Nach langem Grübeln kam er zu einem Entschluss: Mit einer spitzen Feder kratzte er das Wort „persönlich" aus dem Buch heraus. Danach begab er sich zum nahe gelegenen Fluss, um sein mittägliches Bad nehmen.

In der Zwischenzeit wollte seine Frau, wie jeden Tag, das Mittagsmahl kochen. Doch bestürzt stellte sie fest, dass die Vorratskammer leer war. Ratlos überlegte sie, was zu tun sei. Zum nächsten Dorf zu gehen würde zu lange dauern. Da pochte es an der Tür. Als sie öffnete, standen zwei überirdisch schöne Knaben mit großen Körben voller Nahrungsmittel vor ihr.

„Wir haben gehört, dass ihr keine Vorräte mehr habt. Bitte nehmt diese hier", sagte der eine Jüngling.

Die Frau war ebenso erstaunt wie erfreut und fragte: „Woher wusstet ihr um unsere missliche Lage? Seid ihr Freunde meines Mannes?" Und sie bat die beiden zu bleiben und ebenfalls an dem Mahl teilzuhaben.

Da entgegnete der Jüngere, der eine bläuliche264 Hauttönung hatte: „Wir kennen deinen Mann sehr gut, und wir wissen auch, dass er grausam ist. Deswegen werden wir gleich wieder gehen, sonst kommt er womöglich zurück und misshandelt mich noch einmal."

Mit diesen Worten drehte er sich um, und die Frau sah entsetzt, dass sein Rücken schrecklich zerschunden war. Noch bevor sie etwas sagen konnte, sprangen die beiden davon und waren plötzlich verschwunden.

Als der Brahmane nach etwa einer Stunde zurückkehrte, sah er seine Frau mit grimmigem Gesicht über ihr Essen gebeugt. Das erstaunte ihn sehr, denn gewöhnlich wartete sie mit dem Essen auf ihn.

„Darf ich wissen, warum du vor mir mit dem Essen anfängst?"

„Weil du ein grausamer Mensch bist. Ich habe all meinen Respekt vor dir verloren."

„Könntest du mir das bitte näher erklären? Du weißt doch, dass ich mich strikt an die Regel der Gewaltlosigkeit halte und nicht einmal eine Mücke töte."

„Aber kleine Jungen quälst du!", schluchzte seine Frau und erzählte ihm den ganzen Vorfall. Da verstand er. Die beiden Knaben waren Krishna und Balarama gewesen. Krishna war erschienen, um zu zeigen, dass er sich tatsächlich um seine Verehrer kümmert – und zwar persönlich. Da die *Bhagavad-Gita* eins ist mit dem spirituellen Körper des Herrn, hatte der Brahmane, indem er die Seite der *Gita* zerkratzt hatte, den Rücken des Herrn zerschunden.

Die Inder hören mir mit sichtlichem Wohlbehagen zu. Sie lieben Geschichten über Krishna – und sie von einem Westländer zu hören verleiht dem Erlebnis einen besonderen Reiz.

Natürlich mache ich mir keinerlei Illusionen darüber, warum die Umstehenden hier fast mehr an mir interessiert sind als an der Verehrung der Ganga: Sie sind es einfach nicht gewohnt, Verehrer Krishnas mit weißer Hautfarbe zu sehen. Wenn ein Inder sein Leben dem Dienst für Krishna weiht, so fällt er hier nicht weiter auf. Wenn aber jemand aus dem Westen dies tut, erregt er bei der einheimischen Bevölkerung großes Aufsehen. Auf meinen Indienreisen habe ich in entlegenen Dörfern schon erlebt, dass Hunderte von

Menschen herbeiströmten und mich einfach nur fassungslos anstarrten. Alles, was diese Menschen von den Weißen wissen, ist, dass sie aus England kommen, denn die ersten weißhäutigen Menschen kamen zur Kolonialzeit alle von dort.

Dabei hat Krishna persönlich vorhergesagt, dass in unserem Zeitalter Menschen auf der ganzen Erde ihn verehren werden und zu Vaishnavas werden, zu Menschen, die ihr Leben Vishnu oder Krishna geweiht haben. Ich erzähle meinen Zuhörern diese Begebenheit, wie sie in den Puranas geschildert wird: Vor fünftausend Jahren, als Krishna auf dem Planeten gegenwärtig war, kam Mutter Ganga zu ihm und befragte ihn nach der Zukunft der Erde. Sie sagte: „O mein Beschützer, bald wirst du in dein eigenes Reich zurückkehren. Doch was wird aus mir im kommenden Zeitalter, dem Kali-Yuga, wenn du nicht mehr persönlich hier bist?"

Krishna antwortete ihr: „Die ersten fünftausend Jahre des Kali-Yuga werden eine ruchlose Zeit sein. Gottlose Frevler werden in dir baden, nur um ihre Sünden auf dir abzuladen. Doch später werden sich viele Menschen mir zuwenden und mich durch mein Mantra verehren. Einfach durch ihren Anblick und ihre Berührung werden alle Sünden aufgelöst werden, die du auf dich genommen hast. Diese Vaishnavas werden den heiligen Namen Haris chanten und das *Shrimad Bhagavatam* lesen.

O Ganga, Mutter Erde wird durch die Gegenwart der Vaishnavas rein werden. Die Gemeinschaft mit ihnen verbrennt alle Sünden, so wie trockenes Gras von Feuer verbrannt wird. Selbst die Luft und das Feuer werden durch ihre Berührung rein. Zehntausend Jahre lang werden die

Vaishnavas den ganzen Planeten bevölkern. Nachdem sie die Erde verlassen haben, wird sie von Kali verwüstet werden."

Nachdem ich die letzten Fragen der Inder beantwortet habe, gehe ich noch einmal allein zur Ganga. Ich bete still: „Lieber Krishna, liebe Ganga, bitte gebt mir die Kraft, mich aus dem Netz falscher Abhängigkeit zu befreien. Ich bin in der Mitte meines Lebens und komme jetzt in die zweite Hälfte. Nun möchte ich wirklich aufbrechen und nicht in den ausgetretenen Pfaden der Routine steckenbleiben. Ich brauche eure Hilfe, ich brauche neue Erkenntnisse und neue Kraft."

* * *

In Haridwar lebt ein alter Freund von mir, Badri Vishala. Wir lernten uns 1979 kennen, als wir mit einer Reisegruppe das heilige Land von Vrindavan besuchten. Er war damals für die Reiseküche verantwortlich gewesen, die jeden Tag wieder neu aufgestellt werden musste. Er kochte auf schnell aus Holz und Kuhdung errichteten Feuerstellen. Ich kann mich noch gut daran erinnern, wie er nicht nur die etwa vierzig Pilger versorgte, sondern auch unseren Elefanten und die beiden gewaltigen Ochsen, die den Altarwagen zogen.

Als Badri Vishala hörte, dass ich nach Haridwar kommen und die Reise nach Badrinath antreten würde, half er sofort, die Route festzulegen. Er stammt aus dem Himalaya und hielt sich in seiner Jugend während der Sommermonate oft im Tal von Badrinath auf.

Heute hat er für mich und meine Freunde aus dem Westen ein Willkommensfestmahl gekocht.

Spät abends will er mir unbedingt noch einen besonderen Tempel zeigen. Wir verabschieden uns von den anderen, die etwas müde sind, und eilen durch die überfüllten Straßen der Pilgerstadt. Badri Vishala ist hier zu Hause. Immer wieder bleibt er stehen und wird respektvoll begrüßt. Ich werde jedes Mal ausführlich vorgestellt – in Hindi, versteht sich. Aber ich höre doch die mir etwas unangenehmen Lobpreisungen heraus. „Wer mich lobt, ist mein Feind“, sagte einmal ein Heiliger, „denn er wirft meinem größten Feind, meinem falschen Ego, Süßigkeiten vor die Füße, und mein Ego frisst sich dick und fett daran.“

Schließlich kommen wir zu dem Tempel. Sein größtes Heiligtum ist eine kleine, feuchte Höhle, in der die Altargestalt eines Asketen steht. Ich staune über Badri Vishalas Feingefühl: Intuitiv hat er das Anliegen meiner Reise gespürt, mich von inneren Fesseln zu lösen, und dazu gibt es kaum ein besseres Vorbild als diesen Asketen, Bhartrihari.

Bhartrihari war vormals ein einflussreicher, dem weltlichen Leben stark verhafteter König gewesen. Um ihm zu helfen, sich aus seinen Verstrickungen zu befreien, besuchte ihn eines Tages ein heiliger Bettelmönch und gab ihm ein kostbares Juwel. Mit diesem für einen Sadhu eigentlich recht ungewöhnlichen Geschenk wollte der Heilige für den König eine Lernsituation schaffen. Obwohl Bhartrihari mit einer wunderschönen Königin verheiratet war, unterhielt er gleichzeitig Romanzen mit mehreren Frauen. Einer von ihnen schenkte er das Juwel. Nach einer Woche jedoch entdeckte er genau dieses Juwel am Hals seiner Königin. Verwirrt und erstaunt überlegte er, wie um alles in der Welt dies hatte geschehen können. Da überkam ihn eine ernüchternde Erkenntnis: Es wurde am Hofe gemunkelt, dass seine Geliebte auch eine Beziehung zum General der Armee unterhielt. Bestimmt hatte sie ihm das Juwel geschenkt. Und dass es jetzt am Hals seiner Königin hing, konnte nur bedeuten ...

An diesem Punkt wurden Bhartrihari schlagartig die Verlogenheit, die Enttäuschungen und das Leid seiner Königsherrschaft bewusst, und ein tiefer Wunsch nach Loslösung vom weltlichen Leben erwuchs in seinem Herzen. So beschloss er, seinem materiellen Reichtum und den damit verbundenen Bequemlichkeiten den Rücken zu kehren und nach der unveränderlichen und niemals enttäuschenden Wirklichkeit zu suchen. Wie viele Heilige der Vergangenheit wandte auch er sich gen Norden und suchte Zuflucht im Himalaya. In Haridwar, am Fuße der Berge, fand er sein neues Zuhause. Er ließ sich in der Höhle, die wir jetzt besichtigen, nieder und meditierte, um seinen unsteten Geist und seine Leidenschaften zur Ruhe zu bringen.

Früher mündete ein viele Kilometer langer, schnurgerader Tunnel in die Höhle. Durch diesen Tunnel, der inzwischen leider zugeschüttet ist, besuchte ihn sein spiritueller Meister und unterwies ihn in der Wissenschaft der Loslösung und Selbstfindung. Beiläufig klärt mich mein Freund darüber auf, dass Bhartrihari auch die Pilgerstadt Haridwar gegründet hat.

Seit ich das erste Mal von Bhartrihari hörte, wollte ich mehr über ihn erfahren. Zur Vorbereitung auf meine Reise habe ich sogar täglich Bhartriharis berühmtes Dichtwerk *Vairagya-shatakam* gelesen. In dessen einhundert Versen hat er meisterhaft die Freuden des Loslassens, Vairagya, beschrieben. Nun hat mich Badri Vishala, ohne dass ich ihm von meinem Wunsch erzählt hätte, zu Bhartriharis Höhle geführt. Ist das nicht eine erstaunliche Fügung? Auch jetzt habe ich eine Auswahl dieser Verse dabei, die wir enthusiastisch rezitieren. (Diese Auswahl ist im Anhang abgedruckt.)

Der Weg des großen Abschieds hat einen ermutigenden Anfang genommen. Selbst schwere Dinge werden leicht, wenn wir das Beispiel von jemandem haben, der ähnliche Schwierigkeiten gemeistert hat. Im Leben, in den Lehren und im Beispiel der Heiligen liegt eine eigentümliche Kraft. Dadurch, dass sie uns motivieren und uns helfen, die Dualitäten des materiellen Daseins (gut–schlecht, einfach–schwierig, Zuneigung–Abneigung) zu überwinden, fällt es uns leichter, innere Schranken und Hemmnisse aus dem Wege zu räumen.

Die Atmosphäre in der kleinen Höhle ist von der Gegenwart des Heiligen durchströmt. Obwohl es äußerlich gesehen ein ganz unscheinbarer Ort ist, erscheint es uns, als seien Bhartriharis Askese und Meditation – und letztlich seine tiefen Einsichten – hier noch immer gegenwärtig. Zum Glück wurde der Ort durch keinerlei bauliche Maßnahmen verändert.

Dankbar knien wir vor der Altargestalt Bhartriharis nieder und bitten um seine Segnung – das Schwert der Loslösung. Erst mit diesem Schwert können wir den vertrackten Knoten durchtrennen, der uns an unliebsame Gewohnheiten, Bequemlichkeiten und Unsicherheiten fesselt, und in die spirituelle Wirklichkeit eintreten.

3

Im Himalaya

Für eine geringe Belohnung ist ein
Mann zu einer großen Reise bereit,
doch für das ewige Leben tun viele
kaum einen einzigen Schritt.
(Thomas von Kempen)

Als ich um drei Uhr morgens gut ausgeruht aufwache, ist mir, als hätte die ganze Nacht eine Melodie in mir geklungen. Schnell dusche ich und gehe nach draußen. Mutter Ganga gleitet im Mondlicht dahin – und mit ihr ein Orchester himmlischer Töne, die von jahrtausendealten Geheimnissen singen. Ich setze mich wieder ans Ufer und schaue andächtig: Wie schön du bist – und wie weise! Ich schätze die Breite des Flusses auf etwa einhundertfünfzig Meter. Mit unzähligen kleinen Wellen, die alle etwas zu bedeuten scheinen – jede von ihnen enthält ein Spiegelbild – kommt Mutter Ganga im silbernen Mondlicht daher.

Da ist das Spiegelbild von dem Sadhu, der am Ufer irgendwo hoch droben im Himalaya-Gebirge Verse über Mutter Ganga rezitiert. Da sind die Bewohner der Himalaya-Dörfer, die am Ufer der Ganga leben – ihre Geheimnisse, ihre Sagen und Legenden liegen jetzt alle offen da. Da ist der alte Pilger, der seine Reise nicht vollendete, weil er beim Überqueren der Ganga in die Fluten sank und mit einem *„Gangamayi ki jaya!"* aus dem Leben schied. Da ist auch ein Pilgerbus, der von der schmalen Straße in die Ganga hinabstürzte, und der Mönch, der Hymnen singend am Ufer Blumen pflückt. Affen und Rehe, Leoparden und Tiger schlürfen Ganga-Wasser. Sogar Halbgötter, Yogis und Rishis sieht man, die aus anderen Dimensionen kommen, um die Ganga zu besuchen. Aber da ist auch die offene Kanalisation, die direkt aus den Badezimmern der Bergbewohner in den heiligen Fluss läuft.

Doch mit Mutter Ganga kommt noch mehr geflossen: das Kommen und Gehen von Glück und Leid, das Kommen und Gehen der Seelen durch ihre verschiedenen Inkarnationen, das Kommen und Gehen der Schöpfung – auf sonderbare Weise alles vereint in diesem großen heiligen Fluss.

Ich nehme meine Gebetskette zur Hand und chante das Maha-Mantra – meine morgendliche Meditationsübung. Geduldig versuche ich, meine Gedanken, die ganz bei Ganga Devi sind, auf den Fluss des heiligen Namens zu richten. Nicht nur die Zunge soll dabei aktiv sein, nein, auch der Geist und das Herz, ja das ganze Bewusstsein muss dem Mantra seine Aufmerksamkeit schenken. Während ich so am Ufer chante, scheint die Ganga plötzlich in mir zu fließen. Diesmal besteht ihr Wasser jedoch aus dem Nektar der heiligen Namen – je mehr und je länger ich chante, umso tiefer versinke ich in diesen Nektarfluss.

Nach dem Frühstück fahren wir nach Kankahl, etwa vier Kilometer südlich von Haridwar. In Kankahl wollen wir über die wichtigste Voraussetzung meditieren, die wir für eine Pilgerreise mitbringen sollten: das Freisein von Stolz. Erst wenn wir unseren Stolz aufgegeben haben, können wir jene Eigenschaften entwickeln – wie zum Beispiel alle Lebewesen zu achten oder selbstbeherrscht zu sein –, durch die wir innere Zufriedenheit erlangen. Kankahl ist der ideale Ort, um Stolz aufzugeben, denn dies war einst die Hauptstadt Dakshas. Daksha wurde berühmt dafür, dass Shiva, der mächtige Halbgott, der über das falsche Ego herrscht, seinen Stolz beseitigte. Zur Einstimmung erzähle ich die Geschichte, wie sie im *Shrimad Bhagavatam* überliefert ist:

Daksha, einer der Vorväter der Menschheit, hatte einst alle wichtigen Persönlichkeiten im Universum zu einer großen religiösen Feier geladen. Als er zu Beginn der Festlichkeiten in die Versammlung der ehrwürdigen Weisen, Philosophen und Yogis trat, standen alle zur Begrüßung respektvoll auf. Nur Shiva blieb sitzen, denn er war in tiefe Meditation versunken. Daksha fühlte sich durch Shivas Verhalten schwer beleidigt. Schließlich konnte er von seinem Schwiegersohn – Shiva war mit Dakshas Tochter Sati verheiratet – am ehesten erwarten, dass er ihm Respekt erwies.

Dakshas Eitelkeit steigerte sich in maßlose Wut, und so verfluchte er Shiva: „Die Halbgötter haben ein Anrecht darauf, an den Opfergaben teilzuhaben, doch Shiva, der niedrigste aller Halbgötter, soll keinen Anteil daran bekommen!" Darauf verließ er, bebend vor Zorn, die Opferarena und zog sich in seinen Palast zurück. In seiner Meditation ein wenig gestört, doch innerlich gefasst, erhob sich Shiva ebenfalls und verließ den Ort. Er beschloss, künftig keine Veranstaltungen seines Schwiegervaters mehr zu besuchen.

Doch bei der nächsten großen Feierlichkeit an Dakshas Hof konnte Sati, Dakshas Tochter, der Versuchung nicht widerstehen, das Fest zu besuchen; es war ja auch ein gesellschaftlicher Anlass, bei dem sie ihre Familienangehörigen wiedersehen würde. Als sie jedoch ankam, weigerte sich ihr Vater, sie zu empfangen. So sehr hatte er sich in seinen Stolz hineingesteigert, dass er sogar seine eigene Tochter zurückwies, nur weil sie mit Shiva vermählt war.

Sati war zunächst tief betrübt, dann schlug ihr Kummer in heftige Empörung um. Sie drang zu Daksha vor, rügte ihn heftig und schloss mit den Worten: „Weil du meinen Gemahl so sehr schmähst, will ich diesen unwürdigen Körper, den ich von dir bekommen habe, nicht länger behalten!" Sie setzte sich auf den Boden, und durch Meditation über das Feuerelement entfachte sie in ihrem Innern eine sengende Glut, sodass ihr Körper in Flammen aufging.

Als Shiva vom Tod seiner geliebten Gemahlin hörte, riss er sich aus Zorn und Gram ein Haar aus und schuf daraus einen schrecklichen Dämon. Dessen pechschwarzer Körper ragte bis in den Himmel, und in seinen Tausenden von Händen hielt er schreckliche Waffen. Shiva schickte ihn in Begleitung seiner geisterhaften Anhänger zu Dakshas Hof, wo ein fürchterlicher Kampf entbrannte. Endlich packte der Dämon Daksha, schleppte ihn zu einer Art Schafott, hieb ihm das Haupt ab und warf es ins Feuer.

An dieser Stelle nimmt die Geschichte eine für unseren rationalen Geist schwer vorstellbare Wendung. Alle versammelten Weisen und Halbgötter besänftigten Shiva und überredeten ihn, Daksha eine Chance zu geben, seinen Fehler wiedergutzumachen. Shiva willigte ein. Er nahm den Kopf einer Ziege – Dakshas Kopf war ja im Feuer verbrannt – und setzte ihn mithilfe von Magie auf Dakshas Körper. So erhielt Daksha sein Leben zurück – und aller Stolz fiel von ihm. Wer kann schon eitel bleiben mit einem Ziegenkopf? Daksha erkannte endlich die erhabene Stellung Shivas und brachte ihm demütige Gebete dar. Schließlich durfte er seine Feierlichkeiten mit großem Erfolg zu Ende bringen.

* * *

Während ich über diese Geschichte nachsinne, verstärkt sich in mir der Wunsch, endlich frei von Stolz zu werden. Stolz ist die Ursache für alle Probleme in dieser Welt.

Wir besichtigen die wunderschönen Tempelanlagen mit dem weißen Marmortempel, den großen Glocken und dem mit Blumen geschmückten Shiva-Linga. An seiner Seite steht ein riesiger, von zahllosen Fledermäusen bevölkerter Banyanbaum.

Atmananda hat sich etwas ausgedacht, um unseren Stolz zu schmälern. Er drückt mir und den anderen je eine große Tüte mit Chiko-Früchten in die Hand und beauftragt uns, diese an die Bettler zu verteilen, die hier überall den Straßenrand säumen. Ich gehe und lege die Chiko-Früchte in die Hände von Leprakranken, alten Asketen, Bettlern und Kindern. Bestimmt war ich in einer meiner vorangegangenen Inkarnationen auch einmal ein Bettler, Leprakranker oder Asket, der auf Almosen wartete. Manchen dieser eher modernen Bittsteller muss ich meine Almosen jedoch fast aufdrängen – sie hätten wohl lieber Geld bekommen.

Schon die ganze Zeit über hören wir das laute Chanten von vedischen Mantras. Dr. Aurelius und ich versuchen, die Quelle davon ausfindig zu machen. Die melodischen Klänge kommen aus einer Halle, die direkt an das Tempelgebäude anschließt. Als wir eintreten, sehen wir etwa dreißig Sanskritstudenten, die unter der Anleitung eines Pandits die *Rudra-Gita,* eine Hymne zur Verherrlichung Shivas, singen. Ihr rhythmisches Rezitieren der Hymnen ist fast berauschend; durch die komplexen Klangmuster werden innere Bilder erzeugt. Ein Gefühl der Erhabenheit durchzieht uns aufgrund des Kontaktes mit Shiva, dem diese Anrufung gilt. Während der Pandit das Singen beaufsichtigt, winkt er uns zu sich. Wir nehmen neben ihm Platz und hören eine Zeitlang zu.

Als wir die Halle wieder verlassen, sehen wir einen Hund, dessen Hinterbeine von eiternden Wunden zerfressen sind, in die sich Würmer eingegraben haben. Er wird wohl bald sterben. Sein Anblick berührt mich. Unwillkürlich erinnere ich mich an meine Jugend und das Jahr meiner aktiven Teilnahme an der studentischen Protestbewegung. Damals gab es ein Lied, das wir oft sangen: „Frei sein, endlich frei sein, wie ein räudiger Hund, den niemand mehr dressieren will."

Hätten wir damals diesen Hund gesehen, so hätten wir wahrscheinlich anders empfunden. Indien, so sagte einmal ein Dichter, zwingt einen, der Wirklichkeit ins Gesicht zu sehen.

Wir gießen dem Hund etwas Wasser ins Maul und hoffen, dass die Sanskrithymnen seine Seele erheben und zu Shiva tragen werden.

* * *

„Sacinandana Swami, siehst du die Insel dort?" – Wo bin ich? Im Jeep eingeschlafen, der in voller Fahrt in der Mittagssonne über die indischen Landstraßen rast!

„Welche Insel? Was ist damit?", frage ich schlaftrunken. Atmananda zeigt auf eine Insel: „Dort, am Ufer der Ganga, wird im nächsten Jahr das Kumbha-Mela-Fest stattfinden."

Alle zwölf Jahre findet auf dieser Insel und am gegenüberliegenden Ufer ein großes Treffen der Sadhus statt. Astrologisch gesehen ist dann die Zeit sehr günstig, um in der Ganga zu baden. Deshalb kommen die Yogis aus dem ganzen Himalaya zusammen. Nachdem sie ihr Bad genommen haben, beginnen sie zu heilen. Viele Kranke werden von ihren Verwandten hergebracht. Es finden regelrechte Massenheilungen statt, denn die Sadhus sind nach dem Bad so glücklich, dass sie ihre spirituellen Errungenschaften, die sie durch lange Meditation erlangt haben, gern mit anderen teilen. Vor fünfzig Jahren gab es einen sogenannten Nepali-Baba, der manchmal Millionen von Menschen heilte. Dies sprach sich herum, und so kamen auch viele Materialisten nach Haridwar, die sich eine Wunderheilung erhofften und den Nepali-Baba für ihre Zwecke ausnutzten ... bis er wieder verschwand, genauso plötzlich, wie er aufgetaucht war. Danach wurde er nie mehr gesehen.

Kurz vor Rishikesh fahren wir durch eine prachtvolle Baumallee. Wir sehen Elefanten, die mit wiegendem Schritt am Straßenrand entlangschreiten wie Boten aus einer anderen Zeit. Auf ihnen schlafen die Elefantentreiber, die sich auf die gute Erinnerung ihrer Träger verlassen; sie kommen schon seit Jahren immer am gleichen Ziel an. Die Bäume sind von Papageien bevölkert, die manchmal wie große

Weise meditierend dasitzen, manchmal auch nur viel Lärm um nichts machen.

Schließlich treffen wir in Rishikesh ein. Rishikesh ist ein Name Gottes. Er bedeutet „der Herr aller Sinne". Wie es dazu kam, dass die Stadt diesen Namen erhielt, erzählt die Geschichte des mächtigen Weisen Raibhya Rishi:

Raibhya Rishi lebte hier einst mit seinem Sohn Paravasu. Jeden Morgen ging er ganz früh zur Ganga, nahm sein Bad und kehrte noch vor Anbruch der Morgendämmerung zurück. Damals war Rishikesh ein kleines Dorf und lag mitten im Dschungel. Viele wilde Tiere lebten hier und kamen dem Ashram der beiden oft bedrohlich nahe. Als der Rishi eines Morgens von seinem Bad zurückkehrte, erwachte sein Sohn von dem Geräusch vor der Hütte. Vom Schlaf benommen, erschrak er heftig, denn er dachte, ein Tiger schliche durch die Tür. So packte er eine Eisenstange und schlug mit aller Kraft zu. Voller Grauen hörte er an dem Aufstöhnen, dass er einen Menschen erschlagen hatte – und sein Schreck wurde zum Entsetzen, als er feststellte, dass dieser Mensch sein eigener Vater war. Von Gram überwältigt, setzte sich Paravasu nieder, fastete für lange Zeit und übte verschiedene schwierige Riten aus, mit denen er die Bewohner des Himmels herbeirief. Als sie vor ihm erschienen, bat er sie, seinen Vater zum Leben zurückbringen, was sie auch taten.

Raibhya Rishi war bereits einen langen Weg bis zum Königreich des Todes gegangen. Nachdem er nun unverhofft zu den Lebenden zurückgekehrt war, brannte er darauf, mehr über den Tod und das Leben nach dem Tod zu erfahren. Vor allem wollte er ergründen, wie das Lebewesen vom Kreislauf der Geburten und Tode erlöst werden kann. Deshalb nahmen er und Paravasu für eine lange Zeit harte Entsagung auf sich und baten Vishnu, vor ihnen zu erscheinen. Er sollte ihnen Mayas Blendwerk erklären, das uns Menschen glauben macht, dieses eine Leben sei das Ein und Alles, und das uns einen Körper nach dem anderen annehmen lässt, betört durch materielle Verlangen und Tätigkeiten.

Der Herr erfüllte Vater und Sohn ihren Wunsch und offenbarte ihnen die Wirkungsweise seiner illusionierenden Energie. Als Raibhya Rishi das Wesen dieser unglaublichen Kraft verstand, betete er zu Vishnu, dass dieser den Menschen eine Möglichkeit gäbe, wie sie von Maya befreit werden können. Vishnu gewährte ihm diese Bitte und sprach: „Ich werde hier einen See schaffen, und jeder, der auch nur einmal darin badet, wird durch die Kraft, die ich in dieses Wasser gebe, befreit sein von der körperlichen Illusion. Und weil du deine Sinne mit Bußübungen beherrscht hast, um mich, den Herrn aller Sinne, zu erfreuen, soll dieser Ort von heute an Rishikesh heißen!"

Den See, den Vishnu geschaffen hat, gibt es noch heute. Er heißt Mayakunda. Wer in sein Wasser taucht, wird von der Fessel Mayas befreit!

* * *

In Rishikesh gibt es viele Ashrams, von denen die meisten am linken Ufer der Ganga liegen. Es ist wunderschön, Mutter Ganga zuzuschauen, wie sie durch die Stadt fließt. Ihr Wasser ist klar und süß und wird in großen Kupferkesseln zu weit entlegenen Orten Indiens gebracht.

Einer der Verehrer Ganga Devis, der hier lebte, sagte einmal: „Ganga Devi ist eine Form Vishnus. Sie anzuschauen erhebt die Seele. Sie fließt im Tal und lebt neben ihrer Schwester Parvati, der Tochter des Himalayas. Wie großartig sie aussieht, wenn sie in das Tal von Rishikesh fließt! Ihr Blau ähnelt dem des Ozeans."

Nur ein paar Minuten auf einem Stein neben Ganga Devi zu sitzen ist eine große Segnung. Für einige Monate in Rishikesh am Ufer der Ganga zu leben, Gelübde auf sich zu nehmen und spirituelle Übungen zu praktizieren wird jeden sofort zum Reiche Haris erheben.

Während wir mit unserem Jeep über die meist sehr engen, unbefestigten kleinen Straßen fahren, werden wir hin und wieder von anderen Jeeps überholt, die bis zu zwanzig oder fünfundzwanzig Menschen befördern. Sie hängen aus den Fenstern, von der Ladefläche, sitzen auf der Kühlerhaube und auf dem Dach und sind grundsätzlich immer in allerbester Stimmung. Rechts von uns fällt die Straße jäh ab. Manchmal führt sie sogar über einen Felsvorsprung, aus dem täglich ein paar Steine fallen. Wegen der großen Erosion sind immer wieder Arbeiter zu sehen, die den Auftrag haben, die Straßen auszubessern. Doch meist liegen sie entspannt im Straßengraben oder trinken Tee.

Manche der Hängebrücken, die über Täler führen, bestehen aus Seilen und Holz, die meisten sind jedoch aus Stahlseilen und Stahl. Im Dschungel sehen wir silberhaarige Affen mit schwarzen Gesichtern, die lauthals gegen die Störung ihrer Intimsphäre protestieren, während unser Jeep vorbeifährt.

Nach einer malerisch schönen Strecke kommen wir in Devaprayag an. Das Wort Prayag bezeichnet den Zusammenfluss von heiligen Flüssen. Hier oben im Himalaya sind alle Flüsse Seitenarme der Ganga. Devaprayag ist der zweitwichtigste Prayag Indiens. Der wichtigste ist Allahabad, wo Yamuna, Sarasvati und Ganga zusammenfließen.

Wir können Devaprayag nur zu Fuß mithilfe einer Hängebrücke über die Alakananda Ganga erreichen.

„Wäre es nicht schön, mit einem Kirtan durch die Stadt zu ziehen?“, fragt Bala Gopala. Begeistert rüsten wir uns mit Handzimbeln aus und beschreiten die Brücke. Da kommen uns drei Kühe entgegen; sie scheinen den Kirtan nicht zu mögen. Immer aufgeregter springen sie hin und her, sodass die Hängebrücke bedrohlich zu schwingen beginnt – und wir mit ihr. Zum Glück entscheiden sich die Kühe für die richtige Fluchtrichtung: nach hinten. Sonst wäre es zu einem Zusammenstoß gekommen – auf einem Trapez über der Ganga!

Wir gehen durch das im Mittagsschlaf daliegende Dorf. Die alten Häuser sind klein und stehen so unregelmäßig in der Reihe wie die Zähne im Gebiss eines alten Bettlers. Es gibt nur Fußwege hier. Die einzigen Transportmittel sind Maultiere, die auf ihrem Rücken Lebensmittel und Ganga-Wasser tragen. Am Ende des Dorfes gibt es Treppen, die zum Zusammenfluss der beiden Arme der Ganga führen. Unterwegs sehen wir in Höhlen an der Ganga einige Sadhus, die anscheinend schon lange hier leben, denn die Höhlendecken sind vom offenen Feuer ihrer Kochstellen rußgeschwärzt. Als wir auf dem Plateau direkt beim Zusammenfluss ankommen, werden wir von großer Achtung ergriffen. Welch unglaubliche Atmosphäre! Die Luft ist mit frischer Energie geladen; die Wassermassen der zusammenfließenden Flüsse, Alakananda und Bhagirathi, stürzen schäumend übereinander und bilden einen bewegten Kamm aus Wasser. Obwohl es wegen des eiskalten Wassers kühl ist, wärmt die Sonne doch angenehm.

Nachdem wir einige Zeit an der Ganga verweilt haben – jeder für sich –, gehen wir in den alten Raghunatha-Tempel, in dem eine viereinhalb Meter hohe Altargestalt Ramas verehrt wird. Dieser Tempel wurde vor etwa 1250 Jahren erbaut und ist eines der wichtigsten Heiligtümer Indiens. Leider bleibt das Tor für uns diesmal verschlossen: Es ist Mittagszeit; der Herr schläft und seine Priester tun es ihm gleich.

Die besondere Bedeutung der Altargestalt für den Verehrer ist, dass Gott in dieser Form seine Gebete und Gaben annimmt. Shrila Prabhupada gab uns das Beispiel von autorisierten Briefkästen, die die Post aufstellt, um Briefe anzunehmen und zu befördern. In ähnlicher Weise erscheint der Herr in Form der autorisierten Altargestalten, die seit Jahrtausenden exakt so angefertigt und verehrt werden, wie er es selbst angeordnet hat und wie es in den heiligen Schriften überliefert ist. Die Idee, den Herrn durch selbsterdachte Bildnisse zu verehren, ist genauso absurd wie der Gedanke, man könne seine Briefe in selbstgezimmerte Kästen einwerfen und sie würden dann irgendwie an ihren Bestimmungsort gelangen.

Ein anderes Beispiel ist der Strom in einem Kupferdraht. Durch die elektrische Spannung nimmt der Kupferdraht gewissermaßen selbst die Eigenschaft der Elektrizität an – was einem die leiseste Berührung sogleich beweist. In ähnlicher Weise nimmt die Altargestalt spirituelle Eigenschaften an, wenn der Herr in ihr erscheint, obwohl sie aus Materie gefertigt ist. Die Gestalt des Herrn – ob sie nun aus Holz,

Stein, Metall, Juwelen oder Farbe besteht oder im Geiste erscheint – ist durch den Kontakt mit dem Herrn eine spirituelle, transzendentale Gestalt geworden, die unsere Gebete hören und erhören und auch unseren Dienst annehmen und erwidern kann.

Das verwitterte Gestein des Tempels bezeugt die Gebete unzähliger Pilger, die den weiten Weg von der Tiefebene hier herauf hinter sich haben. Der große Stein an der Rückseite des hohen Turms ist abgewetzt von den Häuptern vieler Menschen, die sich an ihn lehnten, um ihm Geheimnisse und innigste Wünsche anzuvertrauen. Bei einem überdachten Steinthron, dem Lehrsitz Shankaras, sehen wir einen Pilger im Schatten liegen. Ein beeindruckender Anblick: Sein bloßer Oberkörper ist sehnig und muskulös, das Haar schon ergraut, die Beine sind von einem aschfarbenen Tuch umschlungen. Er mustert uns interessiert, aber mit Distanz. Ich bitte Atmananda, zu ihm zu gehen. Nachdem sich die beiden eine Weile in Hindi unterhalten haben, hellt sich die abwartende Miene des Sadhus auf. Ich habe das schon oft erlebt: Zuerst beobachten uns die Heiligen reserviert und manchmal sogar fast misstrauisch. Doch wenn sie von unserem Lebensstil und unseren täglichen spirituellen Übungen erfahren, öffnen sie sich, denn für sie hat sich in uns eine vedische Prophezeiung erfüllt: Es wird in den Schriften vorausgesagt, dass das Singen der heiligen Namen Gottes alle materiellen Unterschiede transzendiert und dass in diesem Zeitalter auch Menschen aus dem Westen den vedischen Pfad beschreiten werden.

Der Sadhu ist schon seit zwölf Jahren unterwegs und pilgert zu allen heiligen Orten, während er den Namen Ramas chantet. Er kommt gerade von Badri und ist unterwegs nach Haridwar. Dann will er nach Kurukshetra und schließlich nach Benares. Glücklich sagt er: „Ich habe die Welt der Menschen verlassen, die nicht ‚Rama Rama Rama' sagen, sondern ‚ich, ich, ich'. Wer ist jetzt für mich da? Kein Mensch!" Mit einem Augenzwinkern fügt er hinzu: „Ich weiß nicht, wie lange es in diesem Kali-Yuga noch ohne weltweite Katastrophen zugehen wird. Ich werde jedoch so lange pilgern, bis ich diesen Leib im Staube eines heiligen Ortes zurücklasse und dann meine letzte Reise antrete." Mit dem Finger deutet er nach oben.

* * *

Die Straße windet sich wie eine vom Speer getroffene Kobra nach oben. Wir kommen an einem Schild vorbei, das auf den berühmten Leoparden von Rudraprayag aufmerksam macht. Dieser Leopard hat etwa dreihundert Menschen getötet. Die Bergbewohner wagten sich nachts nicht mehr aus ihren Hütten, denn das Menschen fressende Ungeheuer lauerte überall. Es griff sogar am helllichten Tage an. Die besten Jäger des Landes wurden herbeigerufen, doch keiner hatte Erfolg. Schließlich wurde ein Profi aus England eingeflogen, dem es nach vierzehn Tagen Jagd gelang, den Leoparden zu stellen und zu erschießen.

Als wir nachmittags in Rudraprayag ankommen, sind wir so durchgeschüttelt, dass wir die wunderschöne Gegend nur wie durch einen Schleier wahrnehmen. Fürs Erste können wir nur noch einen Gedanken fassen: „Wo ist ein Bett zum Ausstrecken?" Zu unserer Erleichterung finden wir sogleich eine Herberge direkt an der Ganga. Wie tot falle ich ins Bett, und langsam beruhigen sich meine stark mitgenommenen Nerven.

Die Luft ist jedoch so gut und das beschwingte Singen Mutter Gangas so belebend, dass ich schon bald wieder zu Kräften komme und mich zum Ufer aufmache. Eine Steintreppe mit Hunderten von Stufen führt erst zu einem Tempel Durgas, der Gemahlin Shivas und Verkörperung der materiellen Energie, und von dort direkt hinab zum Prayag. Unten angekommen, sehe ich Bala Gopala und Lakshmana, die förmlich leuchten. Das Bad hat sie nicht nur körperlich erfrischt, sondern auch spirituell belebt. Ihrem Beispiel folgend, gehe ich in die kleine Umzäunung, in der das Baden empfohlen ist. Doch ich habe noch nie im Nichtschwimmerbecken gebadet, dafür schon immer gerne Zäune überstiegen. Ganz in Gedanken klettere ich über das Gitter und lasse mich in die eiskalte Ganga fallen. Auf der Stelle packt mich die Strömung und zerrt wild an mir. Die Kälte und die ungestüme Kraft des Flusses reißen mich jäh aus meinen Gedanken. Im letzten Moment kann ich das Ende des Gitters mit einer Hand umklammern. Um ein Haar hätten mich die Wassermassen fortgerissen.

Doch die Ganga will nicht aufgeben. Sie schüttelt meinen Körper hin und her und zerrt entschlossen an mir, als wolle sie mich gewaltsam entführen. Selbst durch die schäumende, tosende Gischt hindurch höre ich, wie die anderen Badenden entsetzt ihre jeweiligen Gottheiten anrufen: „*Gangama! Narayana! Krishna! Nrisimha!*" Mit letzter Kraft schaffe ich es, mich unter dem Gitter hindurchzuziehen und in die sichere Umzäunung hineinzukommen. Am Bein blutend, muss ich mich erst einmal hinsetzen.

Ich habe verstanden: Die Mutter kann auch sehr wild sein.

Zusammen mit Dr. Aurelius besuche ich hinkend einige Tempel. Einer davon ist Narada Muni geweiht, einem der großen Weisen unseres Universums. Narada Muni ist berühmt in den vedischen Schriften für sein meisterhaftes Spiel auf der Vina. Mit diesem Saiteninstrument reist er durch das Universum und verehrt Krishna durch seinen Gesang. Um die Kunst des Vinaspiels von Shiva zu erlernen, hat er sich einst hier niedergelassen und viel Entsagung auf sich genommen. Doch Shiva wollte keinen Vinaschüler haben, und um Narada Muni abzuschrecken, nahm er eine grauenerregend wilde Form an. Als Narada Muni sich ihm dennoch näherte, tanzte Shiva wie ein Besessener. Seine Locken flogen durch die Luft, und sein Speer kam Narada Muni bedrohlich nahe. Doch Narada Muni ließ sich nicht beirren. Mit großer Entschlossenheit bat er Shiva so lange darum, ihn zu unterrichten, bis dieser sich schließlich dazu bereit erklärte.

Ich erinnere mich, dass es mir in meiner Beziehung zu meinem spirituellen Meister auch schon so ergangen ist. Manchmal wird man auf die Probe gestellt, ob man entschlossen genug ist zu lernen. Besteht man den Test, so wird die Erkenntnis leicht vermittelt.

Der Anfang meines spirituellen Lebens war alles andere als einfach. Als ich im Londoner Tempel lebte, kam meine Vergangenheit wie ein tanzender Gott der Zerstörung auf mich zu: Der Großvater rief mich an sein Sterbebett, um mir das Versprechen abzunehmen, mich wieder dem weltlichen Leben zuzuwenden. Die alte Freundin zerrte an mir,

Eltern, Freunde, Verwandte und alte Vorbilder machten sich Sorgen, und – was am heftigsten war – meine materiellen Wünsche, die von der internationalen Künstlerstadt London reichlich Nahrung bekamen, zerrten an meinem Geist. Hinzu kam, dass mir das Tempelleben völlig fremd war: die entsagungsvolle Einfachheit, die fremden Gebräuche und unverständlichen Zeremonien, die gemeinsamen Schlafräume – und immer wieder die vielen Themen, die mein altes Verständnis relativierten und herausforderten.

Als ich in diesem verwirrenden Schneegestöber meines Lebens schließlich Shrila Prabhupada traf, erhoffte ich mir Frieden und Ruhe, die schließlich auch kamen – allerdings nicht sofort und ganz anders als erwartet.

Am Ende einer Vorlesung stellte ich Shrila Prabhupada eine Frage: „Wenn Krishna die Ursache des materiellen Daseins ist, dann müsste doch alles gut sein – wieso gibt es aber so viel Schlechtes auf der Welt?"

Shrila Prabhupada antwortete mit einer schwer nachvollziehbaren Denkaufgabe: „Nicht Gott hat die materielle Welt geschaffen – du hast sie gemacht." Alles lachte schallend. Dann führte er aus, wie das Lebewesen selbst verantwortlich sei und nicht immer woanders nach der Schuld für sein Schicksal suchen solle. Sein Ausdruck war streng, er wollte mich prüfen. Mit dieser Antwort, die ich erst viel später verstand, entzog er sich mir, und ich fühlte mich zurückgewiesen. Hier war mein Guru, und er machte mich lächerlich und tadelte mich zugleich.

Die erste Reaktion: „Pack die Koffer!" Doch seine starke Persönlichkeit hielt mich, und ich blieb. Später, als meine Sicht klarer wurde, erkannte ich, dass Shrila Prabhupada mich geprüft hatte. Gleichzeitig hatte er den Samen der Erkenntnis in mein Herz gelegt, dass wahres spirituelles Verstehen und Leben hinter der Stacheldrahtgrenze des falschen Egos beginnt. Jetzt, auf dieser Pilgerreise, spüre ich, wie dieser Same langsam erblüht und heranreift.

* * *

Das silberne Mondlicht fällt auf das Fußende meines Bettes und liegt dort wie auf einer hell beleuchteten Bühne, auf der gleich ein mir unbekanntes Stück gespielt wird. Ich schlafe noch nicht, bin aber auch nicht mehr richtig wach. Im Halbtraum mischt sich Erlebtes mit Gelesenem und Gehörtem.

Plötzlich höre ich das Knurren einer großen Wildkatze. Ich schrecke auf und drehe mich zur Tür. Zwei glühende Augen starren mich aus der Dunkelheit an. Entsetzt laufe ich los. Äste schlagen mir ins Gesicht. Ich stolpere über Baumwurzeln. Das Auftreten der tödlichen Tatzen hinter mir wird zu einem Trommelwirbel. Als ich mich umdrehe, sehe ich den Leoparden in der Luft. Außer mir vor Angst, schreie ich auf …

Grelles Licht geht im Zimmer an. Hari, unser Koch, schaut mich besorgt an und macht eine fragende Handbewegung. Ich murmle *„svapna, svapna"* (Traum) und versuche weiterzuschlafen. Doch der Traum kehrt zurück: Der Leopard von Rudraprayag bleibt mir auf den Fersen.

Schließlich wird mir das Ganze zu bunt. Ich setze mich auf einen wackeligen Sessel, um nachzudenken. Mir fällt auf, dass diese Pilgerreise ziemlich intensiv verläuft, obwohl wir erst am Anfang sind. Heute wäre ich fast von der Ganga fortgespült worden, und jetzt diese Angstträume, wie schon im Flugzeug! Doch ich hatte mir ja eine intensive Reise gewünscht, um Klarheit zu gewinnen. Und wenn man aus dem tiefsten Inneren, dem eigentlichen Wesenskern, um Veränderung bittet, beginnt das Schicksal im Galopp zu laufen.

Mir widerstrebt es, mich gleich wieder hinzulegen – vielleicht hat in diesem Bett der Jäger des Leoparden gelegen? Auf dem Tisch liegt ein *Shrimad Bhagavatam.* Wahllos blättere ich durch die Seiten, bis meine Augen auf eine bestimmte Stelle stoßen: „Alles, was innerhalb der Zeit geschieht, die aus Vergangenheit, Gegenwart und Zukunft besteht, ist lediglich ein Traum. Dies ist das geheime Verständnis der vedischen Schriften."

Mein ganzes Dasein in dieser Welt nur ein Traum? Welch faszinierender Gedanke! Beim näheren Hinsehen klingt er überzeugend. Mit etwas spiritueller Einsicht kann man verstehen, dass die Seele nichts mit den sogenannten guten und schlechten Erfahrungen in dieser Welt zu tun hat. Sie jagen an ihr vorbei gleich Träumen, die sich über das Bewusstsein legen wie am Himmel dahintreibende Wolkengebilde. Oft habe ich als Junge aus der Dachluke eines alten Hauses zugeschaut, wenn die Wolken in toller Wut einander verfolgten, als hätten sie sich den Tod geschworen. Und schon damals ahnte ich dunkel, dass die sogenannten guten und schlechten Erlebnisse unseres Lebens nichts anderes sind als sich verändernde Wolkengebilde, die ein unsichtbarer, unbegreiflicher Wind vor uns her treibt.

Mir fällt eine Analogie aus den Veden ein: Wir sind Kinder der Unsterblichkeit, spirituelle Seelen, Teile Gottes. Genau wie ein Träumender in eine Traumlandschaft versinkt, sind wir in die materielle Welt versunken und nehmen so lange an dem Traum des materiellen Lebens teil, bis wir endlich aufwachen. Dann werden wir erkennen, dass all das Erlebte nur eine Halluzination war.

* * *

Während ich, vom Mondlicht gebadet, auf dem Sessel sitze, spielt sich vor meinem geistigen Auge eine Geschichte ab, die ich vor vielen Jahren bei meiner ersten Reise in den Himalaya von einem Wandermönch gehört habe:

Prinz Vijaya Kumara, das einzige Kind eines noblen Herrscherpaares, wurde von seinen Eltern gewissenhaft darauf vorbereitet, der nächste König zu werden. Doch bald merkten die Gelehrten, die ihn unterrichteten, dass sich der kleine Prinz viel mehr für die Entfaltung seiner spirituellen Anlagen interessierte als für Regierungsgeschäfte. Als er zehn Jahre alt war, lösten seine Fragen bereits allgemeine Verlegenheit aus, denn keiner der Gelehrten konnte sie beantworten.

Es begab sich nun, dass der greise Heilige Krishna Paramahamsa auf der Durchreise war und vom Königspaar gebeten wurde, am Hof einen Vortrag über spirituelles Leben zu geben. Unter seinen zahlreichen Zuhörern saß auch der junge Prinz, in dessen Herz die Worte des Heiligen ein Feuer der Sehnsucht entfachten. Vijaya Kumara beschloss, diesen alten Mann als seinen Meister anzunehmen und ihm zu folgen.

Mit der Zustimmung des Königspaares ging der junge Prinz bei dem Weisen in die Lehre, und nach Ablauf der

Prüfungszeit wurde der inzwischen Halbwüchsige von dem alten Meister als Schüler angenommen. In einer Einweihungszeremonie tauschte er seine farbenprächtigen Seidengewänder gegen die einfachen Tücher eines Bettelmönches und folgte seinem Guru kurz darauf in ein benachbartes Königreich, wo er täglich Unterweisungen empfing. Glücklich diente er dem Weisen, der ihm nach und nach alle Geheimnisse der spirituellen Wissenschaft anvertraute.

Die Zeit verstrich, und eines Tages – er war um die zwanzig Jahre alt – wollte es das Schicksal, dass er bei seinem täglichen Bettelrundgang in einen von ihm noch nie betretenen Teil der Stadt kam. Die Häuser, an denen er vorbeiging, wurden immer herrschaftlicher, und immer seltener wurde ihm aufgemacht. Innerlich lächelte der strahlende Bettelmönch: „Wie dankbar ich sein kann, dass ich dem Gefängnis des Stolzes, dessen Gitterstäbe aus Reichtum und Ansehen bestehen, entkommen bin!"

Mit diesen Gedanken näherte er sich einem Torbogen, unter dem er eine bildhübsche Frau traf, die ihn in einen mit leuchtenden Blumen geschmückten Innenhof winkte. Eine innere Stimme sagte Vijaya Kumara, dass er höflich verneinen und weitergehen sollte. Doch eine andere Stimme, die viel stärker war, gebot ihm, der Einladung zu folgen. Nach kurzer Zeit fand er sich, ohne es zu ahnen, in einem versteckten Innenhof des Palastes des mächtigen Herrschers dieser Stadt. Im gepflegten Garten nahmen die Gespielinnen des Königs gerade in den Strahlen der Morgensonne ihr Frühstück ein. Sie waren nicht wenig erstaunt, den anmutigen jungen Bettelmönch plötzlich in ihrer Mitte zu sehen, und boten ihm zu essen an. Hungrig wie er war, setzte er sich gerne zu ihnen. So lange hatte er auf königliche Gerichte verzichten müssen, dass er sich daran mehr als gütlich tat. Die jungen Hofdamen brachen in perlendes Lachen aus, als sie seinen Heißhunger bemerkten, scherzten mit ihm und verstrickten ihn in äußerst angenehme Gespräche. Sie stellten ihm auch mancherlei Fragen über seine Abkehr vom materiellen Leben, und er war bemüht, ihre spöttischen Anspielungen mit Versen aus den Schriften zu widerlegen.

Einem Wächter fiel das seltsame Treiben auf, und er unterrichtete den König, der die Szene von einem versteckten Ort aus betrachtete. Schließlich war für ihn das Maß voll. Mit donnernder Stimme rief er über den Hof: „Ein Mönch im Zölibat, der sich mit den Damen des Palastes vergnügt und gierig königliche Speisen verschlingt, ist durchtrieben und unrein. Gebt dem Burschen fünfundzwanzig Peitschenhiebe auf den nackten Rücken, das wird ihn zur Besinnung bringen!"

Nach einer halben Stunde fand sich Vijaya Kumara, gekrümmt vor Schmerz und mit blutigem Gewand, auf der Straße. Außer sich vor Pein und Wut, schwor er dem König Rache: Er würde nicht eher ruhen, bis er die Hauptstadt in Schutt und Asche gelegt und den König für das ihm angetane Unrecht öffentlich habe auspeitschen lassen. Schwer atmend, verabschiedete er sich von seinem Guru mit den Worten: „Ich war zu jung, als ich das Mönchsgelübde ablegte. Bitte gib mir deinen Segen, dich zu verlassen. Ich muss König werden. Erst wenn ich das Leben eines Herrschers durchlebt habe, bin ich reif genug, um wieder zu deinen Lehren zurückzukommen." Und mit Tränen in den Augen fügte er hinzu: „Bitte vergiss mich nicht, und bleib mir wohlgesinnt, sodass deine Lehren eines Tages in mir reifen können."

Der alte Weise lächelte verständnisvoll und antwortete: „Gut, aber schlafe noch eine Nacht hier. Der Dschungel ist gefährlich, die wilden Tiere sind jetzt auf der Jagd. Morgen kannst du zurück in dein Königreich gehen."

Vijaya Kumara gehorchte, und nachdem er für seinen Guru die allabendliche Hirsesuppe gekocht hatte, legte er sich in seinem blutbefleckten Gewand nieder und fiel in einen unruhigen Schlaf. Währenddessen beendete der Guru in einem anderen Raum der Hütte seine spirituellen Übungen und betete danach zu Krishna: „Bitte gib meinem Schüler die Augen, den Traum des materiellen Daseins zu durchschauen. Bitte gib ihm die Kraft, zufrieden zu sein – ob in Leid oder Glück –, sodass er fähig wird, die Dunkelheit der Unwissenheit leicht zu durchqueren."

Am nächsten Morgen kehrte der Königssohn durch den Dschungel nach Hause zurück, und nach dem Tod seines Vaters übernahm er dessen Thron. Schon bald nach der Krönung mobilisierte er die Streitmächte und attackierte mit großer Wut die Hauptstadt des Königs, der ihn so gedemütigt hatte. Zuerst schien sich die Schlacht zugunsten von Vijaya Kumara zu entwickeln, der sich selbst über sein Geschick, aber auch über seine Grausamkeit wunderte. Dann jedoch nahm der Kampf eine unerwartete Wendung: Die Truppen des Gegners drängten seine eigenen Truppen aus der Stadt hinaus, trieben sie in eine Schlucht und töteten fast alle Soldaten. Er selbst wurde lebendig ergriffen und ein zweites Mal hilflos vor seinen Feind geführt, der ihn verhöhnte: „Du glaubst doch nicht etwa, meiner Macht trotzen zu können!" Und ihn plötzlich genau ins Auge fassend, fügte er hinzu: „Bist du nicht jener verlogene Bettelmönch? Hast du noch immer nicht gelernt, dass ein Schakal niemals ungestraft die Speise des Königs stiehlt? Noch heute Abend sollst du öffentlich hingerichtet werden!"

Bald darauf wurde Vijaya Kumara auf ein Schafott gezerrt. Der Scharfrichter hielt mit beiden Händen das Schwert hoch, und die johlende Menge wartete darauf, dass Vijaya Kumara der Kopf abgeschlagen würde, damit sie dann mit der blutigen Trophäe durch die Straßen ziehen könnten.

Gerade im letzten Augenblick sah Vijaya Kumara in der Masse das gütige Gesicht seines Gurus. Und aus tiefster Seele entfuhr ihm ein Hilfeschrei: „O verehrter Guru, bitte verzeih mir und rette mich!" Da hörte er neben sich die geliebte Stimme seines greisen Lehrers: „Mein lieber Schüler, erschrecke über kein Bild, das dir der Wind des Lebens vorsetzt. Das geheime Wissen aller Veden beschreibt das materielle Leben als einen Traum. Das Kommen und Gehen von Glück und Leid ist wie der ständige Wechsel von Sommer und Winter. Der Weise erduldet solche Dinge, ohne sich durch sie verwirren zu lassen."

Mit einem Schlag wachte Vijaya Kumara auf. Völlig verwirrt, versuchte er zu begreifen, wo er war. Da wurde ihm gewahr, dass er sich immer noch in der Hütte seines Gurus befand. Er hatte geträumt. Und als wäre er von einem Unwetter jäh aufgeweckt worden, begriff er, dass auch das, was er am Tage zuvor erlitten hatte, im Grunde die gleiche traumhaft unwirkliche Qualität hatte wie die Schrecken der Träume seiner Nacht. Dankbar nahm er die Lehre an, die Krishna ihm auf Bitten seines Gurus erteilt hatte. Mit großer

Entschlossenheit vertiefte er sich in die Übungen, die ihn sein Guru lehrte, und erlangte bald darauf vollkommenes spirituelles Bewusstsein.

Während diese Geschichte meinen Geist erfüllt, höre ich ganz laut eine innere Stimme: Weißt du, was nötig ist, um aufzuwachen? Du brauchst einfach nur das falsche Ego loszulassen. Wenn der Geist, die Intelligenz und das Ego geläutert sind, wirst du dich als eine ewige Seele verstehen, als Teil des höchsten Herrn – was kann es dann noch für Probleme geben?

Dann fällt mein Blick auf ein billiges indisches Poster: Der Flöte spielende Krishna ist darauf abgebildet, wie er auf einer Weltkugel tanzt. Als ich Krishna anschaue, meine ich ein Lächeln auf seinen Lippen zu erkennen: Richtig, du bist hier, um das Loslassen zu lernen.

4

Beschützer und Befreier

Kein Leid ist so groß wie Anhaftung,
kein Glück so schön wie Loslösung.
(Canakya Pandit)

Obwohl ich kaum geschlafen habe, fühle ich mich wohl und energiegeladen. Auch kommt es mir so vor, als hätten sich mir im Schlaf neue Erkenntnisse mitgeteilt. Voller Dankbarkeit chante ich vor meinem Reisealtar. Von draußen dringt das unterstützende Singen von Mutter Ganga herein.

Gegen sieben Uhr gehe ich zum Prayag und sehe die anderen bereits im Wasser. Heute soll ein besonders glückverheißender Zeitpunkt zum Baden sein. Das hängt mit einem Festtag und günstigen astrologischen Gegebenheiten zusammen. Die Informationen sind jedoch so zahlreich, dass ich mich, während ich – diesmal sehr vorsichtig – ins Wasser gleite, schon nicht mehr an den eigentlichen Grund erinnern kann.

Als ich mich in der aufgehenden Morgensonne glücklich abtrockne, höre ich einen Brahmanen mir bekannte Mantras zur Verherrlichung Krishnas chanten. Schnell ziehe ich meinen Dhoti an und klettere den Felsen hoch. Da steht der Brahmane und chantet: *„Krishnaya vasudevaya devaki-nandanaya ca"*, und voller Freude stimme ich ein: *„Nanda-gopa-kumaraya govindaya namo namah."* Er schaut mich überrascht an: Ein weißer Pilger, der dieselben Mantras kennt! „Wer hat ihm Sanskrit beigebracht?", fragt er Atmananda.

Es stellt sich heraus, dass der Brahmane eine sehr geachtete Persönlichkeit in der Gegend ist. Gerne nehmen wir seine Einladung an, ihn etwas später in seiner Einsiedelei zu besuchen. Er zeigt uns an der Ganga eine Uferlandschaft, die mir schon am Tag zuvor auffiel – sie ist mit weißen Steinen bedeckt und hat etwas Endgültiges an sich. „Dort sind meine Ahnen verbrannt worden", und mit einem strahlenden Lächeln fügt er hinzu: „Ich bin auch schon alt; mein Körper wird wohl auch bald dorthin getragen werden." Es ist schön, Menschen zu treffen, für die das ganze Leben eine einzige Pilgerreise ist, die sie heiter unternehmen, ihr spirituelles Ziel vor Augen.

Nach dem Frühstück gehen wir über eine Hängebrücke zum anderen Ufer der Ganga und dann, einem kleinen Fußpfad folgend, durch den Dschungel. Ein bildschöner indischer Junge, mit traditionellem Dhoti bekleidet, kommt uns entgegen. Er begrüßt uns und führt uns weiter. Manchmal bleibt er kurz stehen und pflückt Blätter, die er uns probieren lässt. Sie haben alle einen sehr intensiven Geschmack. Die Himalayakräuter sind für ihre medizinische Wirkung bekannt. Wir gehen einen steilen Pfad bergauf, dann an zwei Häusern vorbei, und schließlich gelangen wir zur Behausung des Brahmanen. Freudig empfängt er uns und bietet uns Früchte an. Dann setzt er sich mit seinen beiden Söhnen zu uns. Gemeinsam chanten sie einige Mantras für uns. Ein Mantra erkenne ich wieder, es gehört zu den schönsten Versen aus dem *Shrimad Bhagavatam: barhapidam nara-vara-vapuh karnayoh karnikaram ... :* „Geschmückt mit einer Pfauenfeder auf dem Kopf, blauen Karnikara-Blumen an den Ohren, einer Vaijayanti-Girlande um den Hals und gelber Kleidung, leuchtend wie Gold, zeigte Krishna seine transzendentale Gestalt als der vortrefflichste Tänzer. So betrat er den Wald von Vrindavan und zierte ihn mit den Zeichen seiner Fußsohlen. Er füllte die Löcher seiner Flöte mit dem Nektar seiner Lippen, während die Kuhhirtenjungen seine Herrlichkeit besangen."

Vers um Vers strömt aus den Mündern dieser glücklichen Himalayabewohner. Dabei schauen sie sich mit leuchtenden Augen an und wiegen sich im Rhythmus der zeitlosen Silben. Manchmal halten sie an, heben die Hand und singen dann aus voller Kehle den nächsten Vers. Mit Bewunderung nehmen wir an ihrer Freude teil. Dass uns die wenigsten Hymnen geläufig sind, stört uns nicht. Mein spiritueller Meister sagte einmal, dass man die Sanskritverse nicht unbedingt verstehen muss, um ihre Wirkung zu spüren. Genauso wie wir die Sprache des Donners verstehen, ohne Meteorologie studiert zu haben, werden auch die feineren Inhalte der Sanskritverse dem Bewusstsein vermittelt, selbst wenn wir die Sprache nicht kennen.

Während ich zuhöre, sehe ich Szenen aus längst vergangener Zeit: brahmanische Mönche, die in einsamen Berggegenden auf hohen Bergkämmen chanten, mit Krishna als ihrem einzigen Zuhörer. Oder Hunderte von Chantern, die sich um einen Opferaltar am Ufer der Ganga versammelt haben, umgeben von einer großen Menge gläubiger Menschen. Manche Brahmanen waren so versiert im Chanten, dass sie durch die Mantras die Natur beeinflussen und Krankheiten heilen konnten; auch Angreifer konnten getötet werden, und Tiere, die im Opfer dargebracht wurden, erhielten durch das Chanten von Mantras einen neuen Körper.

Eine Stunde lang sitzen wir bereits in dem Dschungel-Ashram und lauschen gebannt auf den rhythmischen Gesang der Brahmanen. Plötzlich halten sie inne. Der Vater lässt uns durch seinen Sohn sagen, dass sie jetzt für uns glückverheißende Mantras für eine erfolgreiche Reise nach Badrinath chanten werden. Ich bin beglückt über diesen besonderen Segen. Doch es kommt noch besser: Als wir aufbrechen wollen, erfahre ich von Atmananda, dass sich der Brahmane entschlossen hat, uns nach Badrinath zu begleiten. Ich betrachte das als eine besondere Fügung, denn die Gemeinschaft eines so versierten und gebildeten Begleiters kann uns nur von Nutzen sein.

* * *

Wir fahren schnell, um möglichst frühzeitig in Badri anzukommen. Auf dem Wege hören wir Gerüchte, dass die Straße dorthin gesperrt sei. Ein massiver Bergrutsch verhindere schon seit zwei Monaten die Durchfahrt.

Unser Fahrer, der sich laufend in den Bergdörfern erkundigt, hört schließlich von einem entgegenkommenden Fahrer, dass Bergarbeiter die Erdmassen und Felsen weggesprengt hätten und der Weg wohl bald ganz frei sein werde.

Während unser Jeep den steilen, gewundenen Bergpfad erklimmt, gesellt sich plötzlich ein Adler zu uns und fliegt mit majestätischem Flügelschlag lange Zeit neben uns her. Ich betrachte dies als ein glückverheißendes Zeichen. Ob er wohl auch ein verwunschener Yogi ist, wie die beiden Adler, die schon seit Hunderten von Jahren in Südindien gesehen werden? Jeden Tag um zehn vor zwölf fliegen sie aus nördlicher Richtung an und landen bei einem Tempel, wo sie von einem Priester respektvoll gespeist werden. Nach dem Mahl reinigen sie sich den Schnabel, indem sie ihn an einem Felsen wetzen. (Weil dies schon seit so langer Zeit geschieht, ist eine metertiefe Einkerbung im Fels zu sehen.) Dann fliegen sie weiter in südlicher Richtung.

Während ich an diese Adler denke, fällt mir auf, wie gerne ich von solchen Wundern höre und wie selbstverständlich ich sie in mein Weltbild einfüge. Schon als Kind waren Wunder für mich tägliche Nahrung. Ich kenne Menschen, die ein unbehagliches Gefühl bekommen, wenn sie nur das Wort „Wunder" hören, als würden sie den Boden unter den Füßen verlieren. Ich bin gerne bereit, den Boden unter den Füßen zu verlieren, wenn ich dadurch das Reich Gottes gewinnen kann. Auf dem Wege dahin werden wir Wunder sehen – erst winzig kleine und dann immer größere. Ich meine damit göttliche Gnadengeschenke, die uns Kraft und Inspiration geben.

Geschichten um Handauflegen und Zaubereien, durch die Kranke wieder gesund werden, das sind nicht die Wunder, die mich faszinieren. Erst wenn die leblose Materie vom Höchsten belebt wird und er die Gesetze der Natur aufhebt, beginnt einzutreten, wonach sich meine Seele sehnt. Dann wird der Weg zum höchsten Wunder bereitet: von der göttlichen Liebe ergriffen zu werden, einer Liebe, von der schon ein Tropfen genügen würde, um das ganze Universum verrückt zu machen. Gedankenverloren schaue ich dem Adler nach, der sich mit einem kehligen Schrei verabschiedet. Ob dies eine Bestätigung war?

Wir fahren durch malerische Berglandschaften und weite Flusstäler, vorbei an schimmernden Seen. Die Gegend gibt uns durch ihren palmenartigen Baumbewuchs den Eindruck, als seien wir im Tiefland. Doch immer wieder sehen wir auch abgerutschte Berghänge, und oft fließen Bäche über die Straße. Ich höre, dass einmal ein Fluss von einem Meter Tiefe die Straße überquerte. Manchmal wird die Fahrt zu einem waghalsigen Unternehmen, besonders wenn die Straße unter uns ausgehöhlt ist und über dem Abgrund hängt. Zuweilen sieht man sogar das Wrack eines Autos irgendwo am Grund eines Abhangs, und die Straßenschilder weisen uns an, vorsichtig zu fahren:

„Life is short, why make it shorter?"

„In my curves watch your nerves!"

„Live – and let live."

„Not a race, not a rally – enjoy your drive through the valley." *

Und etwas für Verheiratete: *„If you love her* (Bild von einer Frau), *drive carefully."* **

Nach einer verwegenen Fahrt kommen wir in Joshimath

* „Das Leben ist kurz, wieso es noch verkürzen?" „In meinen Kurven die Nerven bewahren!" „Leben – und leben lassen." „Fahr kein Rennen, keine Rallye – genieße deine Fahrt durch das Tal."

** „Wenn du sie liebst, dann fahr vorsichtig."

an, auf einer Höhe von 1845 Metern. Hier hat Shankara, über den wir später noch mehr hören werden, die hohe spirituelle Stufe namens Samadhi erreicht, auf der er die Einheit allen Seins verstand. Noch heute kann man seine Höhle besuchen, die unter einem mystischen Wunschbaum liegt. Dort verfasste er seinen Kommentar zum *Vedanta-Sutra,* dem Hauptwerk der vedischen Schriften. Hier in Joshimath gründete er auch das erste von vier Klöstern und baute einen Tempel für seine verehrte Gottheit, Nrisimhadeva.

Die Straße nach Badrinath kann jeweils nur in einer Richtung befahren werden. Jetzt kommen die Pilger in ihren klapprigen Bussen das Gebirgstal herab, und so lange müssen die Hinauffahrenden in Joshimath warten. Wir sind ganz aufgeregt – ob wir wohl nach Badrinath durchkommen? Und was ist mit dem angekündigten Bergrutsch?

Die volle Stunde Wartezeit nutzen wir aus, um den Nrisimhadeva-Tempel zu besuchen. Er ist höchst abwechslungsreich, ja fast verspielt gebaut. Zuerst kommt man zu einem Fußwaschbecken, das von einem Gebirgsbach gespeist wird. Eine goldene Altargestalt Ramas wacht darüber. Dann geht man durch ein kleines Tor, an dem eine Glocke hängt, in einen großen Innenhof. Ein weiteres Tor führt schließlich zum eigentlichen Nrisimhadeva-Tempel. Noch ist der Altar unseren Augen durch ein rotes Tuch verhüllt, aber bald schon kommt eine draufgängerisch dreinblickende Frau – sie ist wohl mit dem Priester verheiratet – und öffnet mit einem enthusiastischen *„Shri Nrisimhadeva ki jaya!"* den Vorhang. Vor lauter recht tibetisch wirkenden, im Öllampenlicht schimmernden Statuen sehen wir kaum das glänzende Haupt der eigentlichen Altargestalt im Zentrum.

Nrisimhadeva ist eine besondere Form Krishnas. Er erscheint, um seine Verehrer vor äußeren und inneren Feinden zu beschützen. Die inneren Feinde sind Verhaltensweisen wie Lust, Gier, Zorn, Neid, Illusion und Verrücktheit. Sie gleichen Wegelagerern, die den Suchenden auf dem spirituellen Pfad auflauern. Weil Nrisimhadeva die Vaishnavas vor diesen Feinden beschützt, ist er für sie von großer Wichtigkeit. Aber auch zum Schutz vor äußeren Gefahren beten die Vaishnavas zu ihm. Wir singen vor jeder Fahrt auf den abenteuerlichen Straßen und Wegen Indiens ein Lied zur Verehrung Nrisimhadevas. Unsere Unfallrate ist überzeugend gering.

Nrisimhadeva erschien vor langer Zeit, um seinen berühmten und vertrauten Diener Prahlada aus akuter Lebensgefahr zu retten. Prahlada, der Sohn eines dämonischen Fürsten, war zu diesem Zeitpunkt erst fünf Jahre alt. Als der zukünftige Herrscher sollte er in der Schule auch die Kunst der Politik erlernen. Dazu ist das Verständnis von Freund und Feind wichtig. Doch Prahlada erklärte seinem Vater Hiranyakashipu, dass der einzige Feind des Menschen sein eigener unbeherrschter Geist sei. Daher lehne er das Konzept von Freund und Feind ab. Was immer Hiranyakashipu auch anstellte, um seinen Sohn zu einem guten Herrscher und Despoten zu erziehen, all seine Bemühungen schlugen fehl. Schließlich fragte er Prahlada wutentbrannt, woher er die Kraft bekäme, sich dem Einfluss seines Vaters zu widersetzen. Prahlada antwortete: „Meine Kraft kommt von der gleichen Quelle, die auch dir alle Kraft gibt: von Krishna."

„Verschone mich mit deinem Gott!", rief da der Dämon, bis aufs Äußerste gereizt. „Es gibt keinen Gott, hörst du!

Gott existiert nur in der Einbildung von religiösen Trotteln wie dir." Prahlada erwiderte ruhig: „Du irrst, Vater. Krishna ist überall."

„Ach so, überall!", forderte ihn Hiranyakashipu heraus und zeigte spöttisch auf eine der mächtigen Säulen, die den Palast trugen: „Dann müsste dein Gott ja auch in dieser Säule dort sein, nicht wahr?"

Prahlada schaute hin. Mit seinen Augen der Hingabe erblickte er Krishnas wunderschönes Antlitz in der Säule und rief beglückt aus: „Ja, Vater, auch dort ist Gott, siehst du ihn nicht?"

Doch Hiranyakashipu konnte nichts sehen: Er besaß nicht die Augen der Liebe, mit denen man Krishna wahrnehmen kann. Seine maßlose Wut wischte jeden Rest von Vaterliebe aus seinem dämonischen Herzen. Er packte Prahlada, zückte sein Schwert und rief mit schriller Stimme: „Da du dich mir nicht unterordnest, werde ich dir den Kopf vom Rumpf trennen. Ich will sehen, wie dein angebeteter Gott kommt und dich vor mir beschützt!"

In diesem Augenblick hörte man ein unheimliches Grollen, das immer lauter und bebender wurde, bis es klang, als käme das gesamte Universum zum Einsturz. Dann brach Krishna in seiner zornigen Erscheinungsform Nrisimhadeva aus der Säule hervor, um den Dämon zu stellen.

Das *Shrimad Bhagavatam* beschreibt Nrisimhadevas Erscheinen sehr eindrücklich: „Die Gestalt des Herrn war äußerst furchterregend. Seine zornigen Augen glichen geschmolzenem Gold; eine leuchtende Mähne umrahmte sein grausiges Gesicht, in dem tödliche Zähne blitzten und eine rasiermesserscharfe Zunge wie ein Duellschwert hin und her schnellte. Seine Ohren standen bewegungslos senkrecht in die Höhe, und seine Nasenflügel und sein weit aufgerissenes Maul glichen den Höhlen eines Berges. Seine Kiefer öffneten sich auf furchteinflößende Weise, und sein Körper schien den Himmel zu berühren. Sein Hals war kurz und dick, sein Brustkorb breit, seine Taille schmal, und die Haare auf seinem Körper waren so weiß wie die Strahlen des Mondes. Seine unzähligen Arme, bewaffnet mit scharfen Krallen, waren in alle Himmelsrichtungen ausgestreckt."

In dieser Form griff Nrisimhadeva den großen Dämon an. Nach einem kurzen Kampf tötete er ihn, so wie ein mächtiger Adler eine Schlange fängt und erlegt.

Es kommt immer wieder vor, dass Vaishnavas in außerordentlichen Gefahren Nrisimhadeva mit einem Mantra um Hilfe anrufen und diese Hilfe dann bekommen. Auch der Vater meines spirituellen Meisters hat dies einst erlebt, als er auf einer Pilgerreise in den Bergen des Himalayas von Raubmördern angegriffen wurde. In Indien tötet man auch für wenig Geld. Shrila Prabhupadas Vater sagte: „Wartet noch, bis ich meine Gebete verrichtet habe, dann tut, was immer ihr glaubt, tun zu müssen." Die Raubmörder (anders vermutlich als westliche Kriminelle) hatten Verständnis dafür und warteten geduldig. Shrila Prabhupadas Vater rief das Nrisimhadeva-Mantra an, und plötzlich ertönte ein fürchterliches Grollen. In der nächsten Sekunde brach ein wundersam aussehender Löwe aus dem dichten Unterholz, tötete den Bandenführer und schlug die anderen in die Flucht. Dann schaute er Shrila Prabhupadas Vater liebevoll an und verschwand so schnell und mysteriös, wie er gekommen war.

Obwohl Nrisimhadeva konsequent und entschieden gegen die Feinde seiner Verehrer vorgeht, ist er doch sehr gütig zu ihnen selbst – wie eine Löwenmutter, die sich mit großer Liebe um ihre Jungen kümmert, doch mit ebenso großer Entschlossenheit Angreifer verjagt.

Wir singen lange die vertrauten Gebete zu Nrisimhadeva und spüren das Mysterium, wie Gott in der Form seiner heiligen Namen gegenwärtig ist. Es ist ganz einfach, doch gleichzeitig überaus tiefgründig – jenseits von Raum und Zeit, doch zugleich im Hier und Jetzt. Wir fühlen uns unwürdig, dies zu erfahren, und dennoch überglücklich, hier zu sein.

* * *

Es heißt, die Gestalt Nrisimhadevas auf diesem Altar sei selbstmanifestiert, also nicht von menschlicher Hand geschaffen, sondern durch die alle Logik überwindende Kraft Gottes aus sich selbst entstanden. Nach einer alten Prophezeiung wird ihr Handgelenk täglich dünner. Eines Tages wird das Handgelenk brechen. Dann werden die beiden Berge, die das Tal flankieren, zusammenstürzen und den Weg nach Badrinath für immer versperren. Die Alakananda wird sich stauen und Badrinath überfluten. Kurz vor dem Zusammenstürzen der Berge wird die Altargestalt in einer Prozession zu einem anderen Ort in einem der nahe gelegenen Täler verlegt werden. Dieser Ort ist bereits jetzt bekannt, und es existiert auch schon ein kleiner Tempel dort.

Obwohl ich jetzt das Handgelenk der reich geschmückten und mit Gewändern bedeckten Altargestalt nicht sehen kann, frage ich mich, ob ich wohl wieder von Badrinath in den Westen zurückkehren werde. Erst vor zwei Monaten hat ein Bergrutsch die Straße derart in Mitleidenschaft gezogen, dass es lange Zeit fraglich schien, ob jemals wieder eine Pilgerreise nach Badrinath möglich wäre. Der Weg ist gerade erst wieder frei geworden.

Wir befragen unseren Brahmanen aus Rudraprayag, den wir inzwischen Pandit (Schriftgelehrten) nennen, da er – wenn er nicht im Jeep schläft – die ganze Zeit Sanskrit-Mantras chantet. Pandits Meinung ist: Nrisimhadeva wird uns schon beschützen – nur keine Sorge!

Dann führt er uns zu dem Vasudeva-Tempel, der vor dem Nrisimha-Tempel liegt. Hier wird eine sehr alte Altargestalt von Vasudeva verehrt, der Gestalt Krishnas, mit der er in jedem Atom gegenwärtig ist. Alles ruht auf ihm wie Perlen auf einer Schnur. Mönche, die in den Lebensstand der Entsagung eintreten, sollen sich ständig an Vasudeva erinnern. Auf diese Weise können sie frei von Furcht werden. Ich bin froh, dass wir Vasudeva vor unserer Fahrt nach Badrinath sehen können.

Daneben befindet sich der älteste Durga-Tempel der Welt. Pilger reiben Butter in die Tempelwand und holen sich von dort Butter, um sie sich auf den Körper zu reiben. Es heißt, dass diese Behandlung selbst unheilbare Krankheiten heilt – so reibe ich mir die Butter über das Brustbein, fast wie Siegfried in der deutschen Heldensage, der durch das Einreiben von Drachenblut unverwundbar werden wollte.

Unser Tempelbesuch wird vom Hupen der Autos unterbrochen. Die Kolonne will sich in Bewegung setzen, doch unser Wagen versperrt den Weg. Hastig eilen wir zum Jeep, bedrängt von einem hartnäckigen Bettler, der uns seine Hand mit drei Zentimeter langen Fingernägeln so entschieden entgegenstreckt, als drohe er, die Nägel als Waffe zu benutzen, falls wir nichts spenden würden.

Jetzt geht es zu einem der heiligsten Orte im Universum! Doch zunächst einmal müssen wir hinab auf die Talsohle, wo wir der wilden Alakananda-Ganga sehr nahe kommen.

Während der Fahrt zeigt uns Atmananda einige hausgroße gesprengte Felsbrocken, die links und rechts von der Straße liegen. „Hier mussten wir letztes Jahr wegen eines Bergrutsches vierzehn Tage lang warten", erklärt er. „Krishna sagt zwar: ‚Von allen unbeweglichen Dingen bin ich der Himalaya', aber ein bisschen scheint er sich doch zu bewegen", meint Atmananda lachend.

Die erste Brücke, die wir überqueren müssen, ist nur eine Improvisation; Steinschläge haben die alte vernichtet. Ein Zeichen warnt uns: *„Weak bridge – one vehicle at a time."* * Die Gegend ist schön und unberührt, ohne die anmaßenden Versuche des Menschen, die Natur zu bändigen. Die Wolken über und um uns werden vom Wind zerrissen und fügen sich immer wieder zu neuen Formationen zusammen. Dann fängt es langsam zu nieseln an. Oder ist es einfach nur die nasse Wolkendecke, die hier alles einhüllt?

Einmal müssen wir kurz warten. Vor uns sitzen zwei Europäer in einem Taxi. Ich gehe hin, um mich mit ihnen zu unterhalten: *„Where do you come from?"* **

Das Fenster wird heruntergekurbelt; die beiden sind

* „Achtung: Diese Brücke kann nur ein Fahrzeug tragen."

** „Woher kommen Sie?"

bleich von der anstrengenden Fahrt, und es riecht nach Erbrochenem. *„From France. Parlez-vous français?"**

*„No. Hare Krishna. All the best!"***

Weil wir auf der Fahrt nach Badrinath zweitausend Meter Höhenunterschied überwinden, durchqueren wir verschiedene Vegetationszonen. Die letzten paar Kilometer erinnern in ihrer Kargheit an eine Mondlandschaft.

Manchmal werden wir auf den engen Straßen von freudig hupenden Lastwagen überholt, auf deren Ladeflächen Pilger ruhen. Die meisten Insassen sitzen oder liegen auf alten Matratzen und Strohsäcken, die ihnen während der beschwerlichen Auffahrt als Lager dienen. Noch vor zwanzig Jahren gab es nur steile Fußpfade hier hinauf. Dann baute die indische Armee eine notdürftige Straße für Militärtransporte. Die heiligen Orte im Norden des Himalaya grenzen an Tibet, und da man befürchtet, dass China eines Tages militärische Übergriffe starten und mit den Heiligtümern Indiens genauso umgehen könnte wie in Tibet, hat man vorsichtshalber in den Bergen ein paar Armeeposten stationiert.

Diese Maßnahme kommt uns zugute, denn zu Fuß wäre der Aufstieg eine langwierige Angelegenheit geworden. Ich sehe allerdings auch hin und wieder einsame Pilger, meistens entsagte Sannyasis, die zu Fuß unterwegs sind. Nur eine kleine Tasche mit heiligen Schriften und eine Garnitur Wäsche zum Wechseln tragen sie bei sich. Sie haben ihr Schicksal ganz in die Hände von Badrinath gelegt.

Noch vier Kilometer. Die Spannung wächst, und ich

* „Aus Frankreich. Sprechen Sie Französisch?"

** „Nein. Hare Krishna. Alles Gute!"

möchte die letzten Kilometer zu Fuß gehen. Es fühlt sich nicht passend an, einen heiligen Ort mit einem Jeep zu erreichen – besonders dann nicht, wenn man vorher die wandernden Sannyasis gesehen hat. Bharata und Dr. Aurelius schließen sich mir an. Beim Wandern müssen wir uns erst an die dünne Höhenluft gewöhnen. Barfüßig waten wir durch die vielen Bäche, die über die Straße fließen. Schließlich sehen wir das Tor vor dem Pilgerdorf mit der Aufschrift: *„May Lord Badrinath fulfil all your prayers!"** Ich nehme die Zimbeln und fange an zu singen. Als wir durch das Dorf gehen, schauen uns die Einheimischen neugierig nach. Es sind hauptsächlich Scherpas, ein Bergvolk mit stark mongolisch geprägtem Äußern.

Dann gehen wir einen von Devotionalienbuden gesäumten Weg hinunter und überqueren die brausende Alakananda. Zur Rechten sehen wir die berühmten heißen Quellen dampfen. Eigentlich sollte man ja zunächst ein Bad in diesen Quellen nehmen, aber ich kann nicht warten. Wir gehen weiter, die Treppe hinauf, links und rechts sind Bettler, und kommen schließlich zum Eingang des Tempels. Nachdem wir einem vertrauensvoll aussehenden Schneider am Tempeleingang unsere begehrten westlichen Schuhe anvertraut haben (mit dem Versprechen, eine Spende zu geben), werden wir von Girlandenverkäufern umschwärmt: *„Best Tulasi Garland for Lord Badrinath – 120 Rupees only!"*** Tulasi ist ein heiliger Strauch, dessen Blätter bei der Verehrung Krishnas und Vishnus unentbehrlich sind. Wir handeln sie

* „Möge Shri Badrinath all eure Gebete erhören!"

** „Beste Tulasi-Girlanden für Shri Badrinath – nur 120 Rupien!"

auf 50 Rupien pro Girlande herunter – das gehört nun mal dazu – und gehen dann die Treppen hoch.

Ein unbeschreibliches Gefühl der Erwartung überkommt mich. Viele Monate habe ich diesen Augenblick herbeigesehnt; in den letzten Wochen vor dem Abflug konnte ich vor Aufregung kaum schlafen. Wir gehen durch das erste Tor. Vor uns liegt der Innenhof, in dessen Zentrum sich das eigentliche Tempelgebäude mit Badrinaths Altar befindet. Durch diese Bauweise steht der Tempel auf allen Seiten frei und man kann den Herrn auf dem Altar einmal im Uhrzeigersinn umkreisen, bevor man vor ihn tritt. Mit einer solchen Umkreisung, so heißt es, habe man einmal das ganze Universum durchschritten. Dies symbolisiert die evolutionäre Reise der Seele durch die verschiedenen Lebensformen, die es seit unvordenklichen Zeiten auf allen Planeten des Universums durchwandert hat. Mit dem Besuch des Tempels wird diese Reise zu ihrem glorreichen Ende gebracht.

Auch wir folgen dieser schönen Tradition. Auf der Rückseite des Tempelgebäudes sitzt eine Gruppe von Pilgern und singt das Lied *„Govinda jaya jaya"*, begleitet von Harmonium und Zimbeln. Wir setzen uns kurz dazu – zur Einstimmung. Dann gehen wir weiter, das Herz bebend vor erwartungsvollen Vorahnungen: Jeder, der Badrinath von Angesicht zu Angesicht gegenübersteht, wird nicht wiedergeboren! Dann treten wir ein …

Ich weiß nicht, wie lange ich schon vor dem Altar stehe. Was dabei geschieht, kann ich nur wie folgt ausdrücken: Der höchste Herr vor mir, auf den meine ausschließliche Konzentration gerichtet ist, scheint nach und nach allen Raum einzunehmen, sowohl auf dem Altar als auch jenseits davon. Er scheint sich überall zu befinden: in den Bergen des Himalaya, im Universum – und ganz besonders in meinem Herzen. Ein Gefühl großer Süße breitet sich in mir aus; ich fühle mich bedingungslos aufgenommen und akzeptiert. Der Strom der Emotionen, der mich erfüllt, bahnt sich schließlich seinen Weg in die sichtbare Wirklichkeit in Form meiner Tränen.

Der ganz in Schwarz gekleidete Priester scheint Verständnis zu haben, dass ich etwas länger brauche als die anderen Pilger. Geduldig hängt er meine Girlande der Altargestalt um den Hals und wartet, bis ich innerlich wieder gefasst bin und meine Gebete dargebracht habe.

Nach einer Weile fällt mein Blick auf das alte Steingebäude, in dem ich stehe. Während ich die wunderschönen Vishnu-Formen betrachte, die in die Wände gemeißelt sind, geht mir die Geschichte von Badrinath durch den Kopf: Narada Muni beschwerte sich spaßeshalber einmal darüber, dass Vishnu, der auch Narayana heißt, so prunkvoll in seiner göttlichen Herrlichkeit lebe. Der Herr ging auf Naradas Scherz ein, schickte seine ewige Gefährtin Lakshmi unter einem Vorwand fort und begab sich in ein Tal im Himalaya, das von wilden, Beeren tragenden Badri-Bäumen bewachsen war. Dort nahm er die Yoga-Sitzstellung ein und meditierte für lange Zeit. Schneestürme tobten im Winter um ihn und schneiten ihn bis über den Kopf ein, doch er blieb regungslos sitzen. Im Sommer brannten die Sonnenstrahlen ungehindert auf ihn nieder, aber er meditierte ungestört weiter. Worüber meditierte Narayana? Er meditierte über das Leid der Lebewesen, die sich in zahllose materielle Tätigkeiten verstricken, nur um ein wenig Genuss aus der Berührung der Sinne mit den Sinnesobjekten zu ziehen. Aus seinem grenzenlosen Mitleid wünschte er sich, dass diesen Wesen die heilende Kraft der Loslösung zugute käme. Seine Botschaft an uns ist, dass wir durch glückseligen hingebungsvollen Dienst zum höchsten Herrn von materiellen Dingen ablassen können.

Als Lakshmi zurückkehrte, fand sie das Schlangenbett, auf dem sich Narayana normalerweise aufhält, leer vor. Sie suchte lange, bis sie den Herrn schließlich im Himalaya fand. Weil er so vertieft war, wollte sie ihn nicht stören. Um ihm jedoch weiterhin zu dienen, verwandelte sie sich in einen großen Badri-Baum, um ihn im Winter gegen den Schnee und im Sommer gegen die Sonne abzuschirmen. Nach langer Zeit entschloss sie sich schließlich, ihn aus der Meditation zu rufen. Sie bat ihn, seine Yoga-Sitzstellung aufzugeben und wieder in sein ewiges Reich zurückzukehren. „Mein lieber Herr", sagte sie, „du hast jetzt genug Entsagung und Buße auf dich genommen, um alle Sünden der Menschheit zu bereinigen. Jeder, der hierher pilgert, wird frei werden von allen Reaktionen auf sein sündhaftes Leben. Derart ist die Kraft dieses heiligen Ortes."

Narayana war einverstanden und gab drei Weisungen: Zum einen soll das Badri-Tal für immer ein Ort sein, der sich besonders zur Meditation eignet. Weiterhin wird der Herr hier in zwei Formen gegenwärtig sein: In seiner Yoga-Stellung werden ihn die Halbgötter und Weisen verehren, und in seiner geschmückten Form werden ihn die Pilger verehren. Und schließlich wird Lakshmi zur Linken der Yoga-Form des Herrn sitzen, wohingegen sie zur Rechten seiner geschmückten Form Platz nehmen wird.

Und weil sich Narayana so sehr über Lakshmi freute, die sogar bereit war, ein Badri-Baum zu werden, nur um ihn vor Ungemach zu bewahren, nahm er den Namen Badrinath – der Gemahl Badris – an. Außerdem legte er fest, dass von nun an der Name seiner Gefährtin immer vor seinem eigenen Namen genannt werde. Daher sprechen seine Verehrer von Badri-Narayana, Lakshmi-Narayana, Sita-Rama, Radha-Krishna und so fort.

Während der sechs Wintermonate, wenn kein Mensch in Badrinath lebt – auch nicht die Priester, die ins zweitausend Meter tiefer gelegene Joshimath gehen –, verehren seither die Halbgötter und Weisen aus höheren Sphären Badrinath in Seiner Yoga-Form, und während des Sommers verehren ihn die Pilger in der geschmückten Form. Jedes Jahr geschieht hier das gleiche Wunder: Wenn nach den sechs Monaten der Winterzeit die ersten Pilger zurückkommen, ist der Tempel makellos sauber, und die Altargestalt ist herrlich geschmückt. Die Halbgötter übergeben die Altarverehrung in erstklassigem Zustand an die Menschen.

Nur schwer kann ich mich vom Anblick Badrinaths lösen. Das Motto der Pilgerreise – Befreiung durch Loslassen – steht personifiziert auf dem Altar. Als Badrinath hat Krishna der an oberflächlicher Sinnenfreude verhafteten Menschheit durch sein eigenes Beispiel den Wert der Loslösung gezeigt. Die Altargestalt, die heute hier verehrt wird, hat sich selbst manifestiert. Badri-Narayanas Gesichtszüge sind nicht sehr deutlich, weil er sich für lange Zeit in der Alakananda-Ganga vor den Buddhisten verborgen hielt. In Indiens bewegter Religionsgeschichte kam es immer wieder vor, dass Andersgläubige die Altargestalten als Götzenfiguren missverstanden und sie zerstörten. Auch Badrinath musste einst vor den Buddhisten geschützt werden, und seine Priester versenkten ihn in der Alakananda. Erst als Shankara die Vorherrschaft des Buddhismus beendete, wurde Badri-Narayana wieder verehrt. Es ist sogar Shankara zu verdanken, dass man ihn überhaupt wieder fand: Er tauchte persönlich in die Alakananda und brachte die Altargestalt zum Vorschein.

Seither empfängt Badri-Narayana die Pilger, hört ihre Gebete an und gibt ihnen die Kraft loszulassen.

Tief in Gedanken versunken, gehe ich aus dem Tempel: Ob ich wohl eindeutige Weisungen erhalten werde, was dieses inhaltsschwere Wort „Loslassen" für mich, in dieser Phase meines Lebens, bedeutet? Als ich die Brücke über die Ganga betrete, taucht, fast wie eine Antwort, ein schönes Bild auf: Innerlich sehe ich noch einmal, wie der Priester meine Girlande der Altargestalt Badri-Narayanas umhängt.

Unsere Herberge – ohne Heizung und nur mit kaltem Wasser – finden wir nach einigen Umwegen, und ich bekomme ein Zimmer mit Blick auf den Tempel. Vor dem Tempel steht eine Straßenlaterne, die manchmal auch funktioniert. Lange sitze ich auf dem Bett und schaue durch das geöffnete Fenster hinüber – auf den Tempel des Loslassens. Spät am Abend kommt ein Sadhu und breitet sein Freinachtlager unter der Laterne aus, direkt vor dem Eingang zu dem Ziel seiner Reise.

5

Unter den Augen Gottes

O Mutter, meine Verehrer betrachten stets das lächelnde Antlitz meiner Altargestalt, mit Augen wie die aufgehende Morgensonne. Sie lieben es, meine vielfältigen Formen zu sehen, die alle segenspendend sind, und sie sprechen auch wohlwollend mit mir.
(Kapiladeva im Shrimad Bhagavatam)

Um vier Uhr morgens wecken mich bedrohliche Geräusche vor der Tür. Eine ganze Armee scheint heftig klopfend Einlass zu fordern. Schlaftrunken stehe ich auf und überlege, wie ich reagieren soll. Dann vernehme ich deutlicher eine brummige Stimme: „*Garam pani, Garam pani*" (heißes Wasser) und mache auf. Vor mir steht ein ungewaschener Kuli.

„Gute Idee! Ein heißes Bad wird mir gut tun", denke ich und führe ihn ins Badezimmer, wo er das Wasser in einem dicken Strahl geübt von der Schulter in den Eimer gießt. Im Nu dampft der enge Raum so stark, dass nichts mehr zu sehen ist. Jetzt kommt der schwierige Moment: Er will Geld. Ich vertröste ihn auf morgen – denn wer weiß, ob er sich beherrschen kann, wenn ich zwischen Dollars und Markscheinen drei magere Rupien heraussuche.

Wie jeden Tag trifft sich unsere Gruppe noch vor dem

Frühstück zu einem spirituellen Morgenprogramm. Gemeinsam singen wir die heiligen Namen, lesen aus den Schriften und sprechen darüber, was das Gelesene für uns im Alltag und besonders auf unserer Pilgerreise bedeutet. Oft schließen sich diesen Vorträgen lebhafte Diskussionen an, die wir bisweilen sogar den ganzen Tag fortsetzen, wenn wir im Auto unterwegs sind.

Heute sprechen wir über die beiden Inkarnationen Krishnas und Arjunas, die in dieser Welt etwas oberhalb des Tempels in Badarik-Ashram erschienen, als die Zwillinge Nara (Arjuna) und Narayana (Krishna). Nara-Narayana erlegten sich strenge Arten der Entsagung auf, so wie sie es von ihrem spirituellen Meister Narayana persönlich erlernt hatten. Damit zeigten sie an ihrem eigenen Beispiel, dass ein Schüler seinem Guru mit großer Entschlossenheit und ohne Abweichung folgen soll.

Es ist immer wieder vorgekommen, dass himmlische Wesen auf das genügsame Leben der im Zölibat lebenden Mönche neidisch wurden. Sie versuchten dann die Entsagten zum Brechen ihres Gelübdes zu bewegen, indem sie die Gefährtinnen des Liebesgottes zu ihnen sandten. Dies tat auch der Halbgott Indra, der über die himmlischen Planeten regiert, als er sah, wie fest die Nara-Narayana-Zwillinge in ihrer Meditation verankert waren und sich aller Sinnesfreuden enthielten. Zuerst schickte er den Frühling in das Tal der Abkehr von weltlichen Freuden. Plötzlich wehten sanfte Brisen, und mit ihnen kamen die verführerischsten Mädchen, die man sich nur vorstellen kann. Als sie sich den Zwillingen näherten, schauten diese auf und schufen mit nur einer Handbewegung Millionen von himmlischen

Schönheiten, die noch betörender aussahen als Indras Gespielinnen. Damit zeigten sie, dass sie durch nichts in der Welt angezogen werden können, denn alles geht von ihnen aus.

Shrila Prabhupada kommentiert diesen Vorfall wie folgt: „Ein bekanntes Sprichwort lautet, dass ein Bäcker niemals Kuchen isst. Ein Bäcker, der jeden Tag Kuchen backt, wird kaum den Wunsch verspüren, Kuchen zu essen. In ähnlicher Weise kann der Herr durch seine innere Freudenkraft unzählige spirituelle Schönheiten hervorbringen und fühlt sich deshalb nicht im Geringsten zu den falschen Schönheiten der materiellen Schöpfung hingezogen."

In der materiellen Welt hingegen sind alle Lebewesen von den bezaubernden Formen des anderen Geschlechts angezogen. Die ganze Welt bewegt sich unter dem Zauber sexueller Anziehung, die mit einer Art Knoten im Herzen alle Lebewesen in der materiellen Welt bindet. Im Rausche sinnlicher Freude verbinden sich Mann und Frau und werden von starken materiellen Wünschen ergriffen. Wie Lianen wachsen sie aus dem Keim der sexuellen Anziehung und binden und verstricken die Menschen.

Während wir über diese Themen sprechen, geht allmählich die Sonne auf und taucht den Berg über dem Tempel von Badarik-Ashram in ein überirdisches Licht. Schließlich brechen wir die Vorlesung ab, weil wir von der Schönheit des Nilakanta-Gipfels gefangen werden. Dort ist Narayana noch immer gegenwärtig, und wenn der Gipfel von der Morgensonne überflutet wird, meint man dies zu spüren, so überirdisch schön sieht der Berg aus. Die Einheimischen nennen den Gipfel auch „die leuchtende Pyramide" oder

„die Königin des Himalaya". Er wirkt wohl deshalb so anziehend, weil jeder die göttliche Präsenz spüren kann.

Ein Vers kommt mir in den Sinn, in dem ein Asket die „wunderschöne Königin der Entsagung" umarmt. In diesem Ausspruch liegt ein Geheimnis für ein erfülltes spirituelles Leben, das es einem leicht macht, auf materielle Ablenkungen zu verzichteten. Wie alles in der materiellen Welt, ist auch die sexuelle Anziehung eine Reflexion, ein Schatten der ursprünglichen spirituellen Kraft, nämlich der Liebe zu Gott. Wenn diese reine und ekstatische Liebe auf leidende Menschen gerichtet wird, wird sie zu Mitleid; sie wird zu Gier, wenn sie auf Geld gerichtet wird, und wenn man sie auf einen Körper des anderen Geschlechts richtet, wandelt sie sich in sexuelle Lust. In jedem Fall erweist sich die Kraft der materiellen Anziehung als fast unwiderstehlich. Wenn sie jedoch in ihrer ursprünglichen Klarheit erfahren wird, wirkt sie ungleich intensiver als ihre materiellen Abbilder, genauso wie die Lichtquelle immer stärker ist als ihre Reflexion. Die Veden ermutigen uns, aus der Dunkelheit ans Licht, von der Sterblichkeit zur Unsterblichkeit, von der Vergänglichkeit zur Ewigkeit zu gehen. Damit meinen sie nicht eine selbstquälerische Abkehr von materiellen Dingen, sondern ein höherwertiges Erleben, einen höheren Geschmack. Dies ist ein wichtiger Schritt für alle, die das Loslassen erlernen möchten: einen höheren Geschmack zu entwickeln.

Ich erinnere mich auch an Friedrich Nietzsche, der auf die Frage, warum er nicht heirate, antwortete: „Ich liebe sie, die Frau Ewigkeit." Auch darin liegt ein Hinweis auf den höheren Geschmack der ewigen, transzendentalen Wirklichkeit.

Transzendentalisten, die einen höheren Geschmack haben wollen, beten zum Beispiel: „O Krishna, so wie junge Frauen Freude an jungen Männern finden und junge Männer an jungen Frauen, so lass bitte meinen Geist von allem anderen frei werden und in dir allein Freude finden!"

Atmananda erzählt, dass schon viele Yogis versucht haben, den Nilakanta-Gipfel zu erklettern, um sein Geheimnis zu lüften. Doch es gelang keinem. Bevor sie den Gipfel erreichten, spürten sie sich wie von Händen durch die Luft getragen, und sie wurden mehrere Kilometer weiter unten sanft abgesetzt. Und als englische Bergsteiger gar mit Gewalt diese Königin des Himalaya bezwingen wollten, stürzten sie ab – bis auf einen. Als dieser ins Lager zurückkehrte, konnte er sich an nichts mehr erinnern, zu verwirrt war sein Geist.

Sowohl Badri-Narayana als auch Nara-Narayana haben in diesem Gebirge das Beispiel für vorbildliche Entsagung gegeben. Jeder, der nach Badrinath geht, muss es ihnen ein wenig gleichtun und eine gewisse Entsagung auf sich nehmen. Dies hat einen materiellen und einen spirituellen Grund: Der materielle ist, dass dieser Teil des Himalaya fast das ganze Jahr über von Eis und Schnee bedeckt ist. In den kurzen Sommermonaten gibt es oft Bergrutsche, und Bäche unterspülen die Straßen. Der Mensch hat die Natur hier noch nicht gebändigt und wird es wahrscheinlich auch niemals tun. Selbst heute, da es möglich ist, per Bus oder Jeep hochzufahren, ist die Reise noch recht risikoreich und unberechenbar.

Der spirituelle Grund ist, dass Badrinath als eines der vier Dhamas oder Reiche Gottes auf Erden die Planeten im spirituellen Himmel repräsentiert. Und da der Weg in die spirituelle Welt mit einer mühsamen inneren Reinigung verbunden ist, gibt es auch auf dem Weg hierher viele innere Schwierigkeiten zu überwinden.

Viele große spirituelle Persönlichkeiten haben Badrinath in den letzten Jahrtausenden besucht, so zum Beispiel Shankara, der um 770 hier war. Ihm ist es zu verdanken, dass viele der gegenwärtigen Heiligtümer und Tempel im Himalaya errichtet wurden.

Um 1040 kam der berühmte Heilige Ramanujacarya nach Badrinath. Madhvacarya kam während seines Lebens gleich dreimal. Beim dritten Besuch verließ er seinen physischen Körper. Und um das Jahr 1500 besuchte Nityananda Prabhu, der ewige Gefährte Caitanya Mahaprabhus, Badrinath auf einer großen Pilgerreise durch Indien. Dabei suchte er auch Vyasadeva in dessen Höhle auf. Vyasadeva ist die Inkarnation Krishnas, die erschien, um die vedischen Schriften zu verfassen. Auch wir wollen ihn heute aufsuchen.

* * *

Das regnerische Wetter kann unseren Enthusiasmus nicht schmälern. Der Brahmane aus Rudraprayag hat uns einen seiner Schüler als Führer mitgegeben, einen Sanskritlehrer, dem ich heute Morgen kurz zusah, wie er etwa zwölf Kinder in einer windschiefen, aber sauberen Hütte unterrichtete.

Wir gehen zu Fuß zum Dorf Mana. Mana bedeutet Nebel. Hoffentlich lassen uns die indischen Soldaten durch, die hier stationiert sind. Ausländer werden im Allgemeinen nicht geduldet, doch unser Sanskritlehrer sagt, er kenne einen für uns sicheren Pfad um die Posten herum.

Der Regen wird stärker – vielleicht ist das ganz gut so. Nach etwa einer Stunde kommen wir im Dorf an. Auf den von Steinmauern umzäunten Weiden begegnen wir Hochgebirgsyaks, die uns durch zottige, die Augen überdeckende Haare hindurch missmutig mustern. Ab und zu ist ein Wolfshund dazwischen. Die Menschen leben hier in niedrigen, rauchgeschwärzten Hütten. Hin und wieder sieht man kleine Löcher in den Steinen neben dem Pfad, die von grünlichen Flecken umgeben sind. Hier bereiten die Bergbewohner aus zerstoßenen Himalayakräutern medizinische Pasten zu.

Zuerst gehen wir zu Ganeshs Höhle. Ganesh ist weit über die Grenzen Indiens hinaus als der elefantenköpfige Schutzgott der Menschen bekannt. Die Geschichte seines Erscheinens ist äußerst wundersam und zeigt uns, dass die Halbgötter, als Wesen aus einer höheren Dimension, nicht an unsere Gesetze gebunden sind.

Einmal wollte Parvati, die Frau Shivas, ungestört in einem wunderschönen See baden. Deshalb schuf sie aus dem Staub, der auf ihrem göttlichen Körper lag, einen Jungen, dem sie auftrug, das Tal vor dem See zu bewachen. Keiner sollte hereinkommen und sie beim Baden überraschen. Doch während sie im Wasser war, erschien ihr Ehemann Shiva und wurde sehr zornig, als der unbekannte Junge ihm den Weg versperrte. Es kam zu einem heftigen Kampf, in dessen Verlauf Shiva den Jungen köpfte.

Als Parvati hörte, was geschehen war, warf sie ihrem Gatten zornig vor, dass er seinen Sohn getötet habe. Außer sich vor Gram, schickte Shiva einige seiner Anhänger mit dem Auftrag in den Wald, ihm den Kopf des erstbesten Geschöpfs herbeizuschaffen, dem sie begegnen würden. Im Wald stießen sie auf einen Elefanten, und ohne lange zu überlegen – schließlich war es ein Notfall –, köpften sie ihn und brachten das Haupt zu ihrem Meister. Shiva setzte den Elefantenkopf auf den Körper des Jungen und erweckte Ganesh zum Leben.

Was wohl westliche Chirurgen zu dieser Geschichte sagen würden? Schon bei der Erzählung über Daksha haben wir von einer solchen mystischen Kopftransplantation gehört. In unserer Dimension sind derartige Dinge nicht möglich, doch die Wesen in höheren Dimensionen sind nicht an unsere grobstofflichen Gesetze gebunden. Wenn wir von ihren Möglichkeiten hören, ergeht es uns im Allgemeinen ebenso, wie es einer Ameise erginge, wenn sie von der Computertechnologie des Menschen hörte: Wir können es schlichtweg nicht begreifen.

Der Aufstieg ist steil. Wir haben Mühe, unserem liebenswürdigen Führer zu folgen, der umsichtig, aber unheimlich schnell die Treppen zur Höhle hochsteigt. Die dünne Luft macht ihm offenbar nicht zu schaffen. Als wir ihn endlich atemlos eingeholt haben, sitzt er mit dem freundlich aussehenden Priester des Ganesh-Tempels zusammen. Sie kennen sich, und der Priester freut sich sichtlich über unseren Besuch. Sofort fängt er an, durch einen Übersetzer, der sich von irgendwoher eingefunden hat, zu uns zu sprechen. Obwohl ich seine Geschichte schon oft gehört habe, hat es einen besonderen Reiz, sie in dieser Atmosphäre noch einmal zu hören; ja die geschilderten Szenen nehmen in meinem Geist deutlich Form an.

Mit leuchtenden Augen erzählt der Priester: „Als Vyasadeva zu Beginn des Zeitalters das vedische Schrifttum verfassen wollte, war ihm klar, dass er unmöglich selbst alles niederschreiben konnte. Er brauchte einen Sekretär. Doch wer sollte den heiligen Veda, das Urwissen der Menschheit, aufschreiben? Bestimmt kein geheuerter Schreiberling!" Der Priester lacht bei dem Gedanken belustigt auf. „Also verehrte er Brahma, den Weltenschöpfer, um von ihm einen Hinweis zu bekommen, wer für diese Aufgabe geeignet sei. Brahma verwies ihn an Ganesh, und nachdem Vyasadeva den Halbgott mit einer Puja-Zeremonie verehrt hatte, manifestierte sich dieser vor ihm, umgeben von einem leuchtenden Lichtkranz.

‚Du hast mich gerufen, was kann ich für dich tun?'

‚Ich möchte dich bitten, mein Diktat aufzunehmen, Ganesh.'

Ganesh war einverstanden, hatte jedoch einen Vorbehalt: ‚Ich bin ein Wesen von einer höheren Dimension. Es würde mich unglaublich langweilen, mich an dein menschliches Tempo zu halten, das durch Essen und Schlafen arg beeinträchtigt ist. Daher bin ich nur bereit, so lange zu schreiben, wie du ohne Unterbrechung diktieren kannst.'

Das war für Vyasadeva eine schwierige Herausforderung, doch ihm fiel eine Lösung ein: ‚Gut, dass du so schnell und so viel schreiben willst. Ich will dich nicht durch meine Langsamkeit behindern. Ich stelle aber auch eine Bedingung: Du darfst nur so lange schreiben, wie du verstehst, was ich dir diktiere.'"

Der Priester lacht vor Behagen – er hat die Geschichte bestimmt schon tausendmal erzählt, aber sie wirkt immer wieder erfrischend.

„Ganesh willigte ein. Wann immer Vyasadeva die Notwendigkeit verspürte, zu essen oder zu schlafen, formulierte er einen Gedanken auf derart komplizierte Art und Weise, dass Ganesh sich Zeit ausbitten musste, um seinen Inhalt zu erfassen. In dieser Zeit erledigte Vyasadeva seine menschlichen Bedürfnisse."

Der Priester schlägt sich bei so viel göttlicher List vor Freude auf den Schenkel.

„Wer aber glaubt, dass Vyasadeva mit Ganesh wie ein Direktor mit seinem Sekretär zusammensaß, irrt sich. Ganesh schrieb hier – mit einem Stoßzahn, den er sich abbrach –, und Vyasadeva diktierte von dort." Und der Priester zeigt auf einen etwa vierhundert Meter entlegenen Felsbrocken, unter dem die Höhle Vyasadevas liegt. „Wie?" Und wieder fangen die Augen des Priesters an zu leuchten: „Ganz einfach – durch Telepathie." Mit einem Augenzwinkern beendet er die Geschichte: „Vyasadeva und Ganesh sind schließlich außergewöhnliche Persönlichkeiten."

Schließlich brechen wir zur Höhle Vyasadevas auf. Während des steilen Aufstiegs lasse ich die anderen hinter mir. Keuchend vor Anstrengung und froh, dass mich die Soldaten nicht gesehen haben, stolpere ich in die Höhle. Noch bevor sich meine Augen an das schummrige Licht der zwei Öllämpchen gewöhnt haben, überkommt mich das seltsame Gefühl, beobachtet zu werden. Ich verändere meinen Standort in der Höhle und dann nochmals, doch vergebens. Überallhin folgen mir die Blicke – und ich weiß nicht einmal, wessen Blicke. Ich bin beunruhigt. Wer oder was schaut mich so durchdringend an? Schließlich erkenne ich im hinteren Teil der Höhle die ehrfurchtgebietende Gestalt Shrila

Vyasadevas und seine segnend nach oben gehaltene Hand. Seine rubinroten Augen fixieren mich unverwandt und fordernd. Ich habe das untrügliche Gefühl, dass mich diese Augen auch noch außerhalb der Höhle anschauen werden.

Schlagartig wird mir klar: Du lebst in dem Verständnis, der Beobachter zu sein, derjenige, der alles sieht und sich auf alles seinen Reim macht. Doch es ist andersherum – du bist der Beobachtete. Während du dich durch dein Leben bewegst, schaut dir ein allmächtiger Jemand die ganze Zeit zu. Wenn du diese Persönlichkeit erkennst und ihrem und nicht deinem Plan folgst, beginnt ein neuer Abschnitt in deinem Leben – der Abschnitt des geleiteten Tuns. Dieser höchste Zeuge, die Überseele, befindet sich innerhalb und außerhalb allen Seins. Er sorgt dafür, dass die Winde blasen und die Planeten sich in ihren Kreisbahnen bewegen. Die von ihm aufgestellten Gesetzmäßigkeiten stehen unverrückbar fest. Diese Erkenntnis ist jedoch nicht bedrohlich, denn jeder von uns hat das kostbare Juwel der Freiheit bekommen und dazu alle nur erdenklichen Möglichkeiten zur Selbstverwirklichung. Nun schaut Krishna uns zu und wartet ab, was wir tun werden.

Vyasadeva ist eine Inkarnation Krishnas, erschienen in menschlicher Gestalt, um die vedische Literatur zu verfassen. Er ist der ursprüngliche spirituelle Meister; alle anderen Gurus sind seine Repräsentanten. Ich erkenne plötzlich, wie durch meine Einweihung eine entscheidende Verbindung zu Vyasadeva hergestellt wurde: von meinem spirituellen Meister Shrila Prabhupada über dessen eigenen spirituellen Meister und so fort, in einer ununterbrochenen Folge von Schülern und Meistern. Diese Einweihung hat meine Reise durch viele Inkarnationen unterbrochen, und eine neue Reise hat begonnen: die Reise in die spirituelle Welt.

Langsam weicht mein anfängliches Unbehagen. Während ich in Vyasadevas Gesicht und seine fragenden Augen schaue, sehe ich einen unendlichen Fluss von Gesichtern, die aus der Vergangenheit auftauchen und wieder vergehen – meine eigenen Gesichter. Ich sehe Mönche, die auf einem Pilgerzug durch weite Steppen ziehen – unter ihnen einen, der mir bekannt vorkommt, in tiefer Versenkung. Dann Szenen voll rasender Leidenschaft – Mann und Frau umklammern sich, Vater und Sohn stehen sich in nackter Aggressivität gegenüber. Bilder aus anderen Jahrhunderten ... immer wieder großes Bemühen im Traum des Erreichenwollens und dann Enttäuschung über die Ergebnisse, die wie Wasser zwischen den Fingern zerrinnen. Über diese Gestalten und Szenen legt sich wie ein feiner Nebel der Schleier der Illusion, bis zu der Begegnung mit meinem spirituellen Meister, bis zu meiner Einweihung. Beglückt und dankbar gehe ich in die Knie. Die Illusion wurde zerstört, aber nicht von mir. Dazu war nur mein spiritueller Meister in der Lage.

Ich bete, nicht wieder von Neuem der illusionierenden Energie zu verfallen. Dankbarkeit ist in meinem Herzen, und Tränen sammeln sich in meinen Augen. Ich habe die Möglichkeit bekommen, ein spirituelles Leben zu führen, und weine, weil ich dieses Geschenk noch immer nicht recht nutze. Das Rad der Geburten und Tode wird durch die Kraft der materiellen Wünsche angetrieben, die aus der Quelle des Egos gespeist werden. Wie sich ein Wasserrad unter dem Schwall des fließenden Wassers dreht und dreht, so dreht sich der Kreislauf der Geburten und Tode durch den Schwall der materiellen Wünsche, die aus der Identifikation mit unseren Rollen kommen: mal Priester, mal Liebender, mal Vater, mal Sohn ... Wie einfach es ist, diesen Kreislauf zu beenden, wenn wir uns als ewige Diener Krishnas erkennen und unser Wünschen ganz auf ihn richten!

Als ich nach langer Zeit meinen Kopf hebe und in Vyasadevas Augen schaue, ist der Blick nicht mehr so durchdringend, sondern eher fragend: Hast du verstanden? Bist du bereit loszulassen, das falsche Ego und materielle Wünsche loszulassen?

Ich höre Geräusche vor der Höhle: Ein Priester kommt herein und mit ihm meine Reisebegleiter. Danke für die private Zeit!

* * *

Vor dem Höhleneingang setze ich mich mit meinen Reisebegleitern auf die Felsbrocken. Die Begegnung in der Höhle und die Vision über die Kraft des falschen Egos, das die Grundlage des materiellen Lebens bildet, erscheinen mir wie eine gütige Fügung. Langsam erwächst in mir eine Antwort auf meine drängende Frage: Was soll ich loslassen? Wie es meine Art ist, will ich das Erlebte verdauen, indem ich eine Lehrgeschichte erzähle. Erzählen und Zuhören sind ein höchst wirkungsvoller Lernvorgang.

„Was ist Gottes Wirken in Bezug auf den Menschen?“, fragte der stolze König seinen Minister. Vergeblich suchte der Minister nach einer Antwort und wurde unruhig, denn er kannte die ungeduldige und jähzornige Natur des Königs. Rasch antwortete er: „Majestät, ich berate Euch in materiellen Dingen. Für die spirituellen Fragen sollten wir uns an Eure Priester wenden."

Sogleich wurde der oberste Priester herbeizitiert.

„Was ist Gottes Werk am Menschen?", fragte der König. „Du hast eine Woche Zeit, um mir die Antwort zu geben."

Der Priester war verdutzt. Was sollte er dazu sagen? Tag und Nacht forschte er in den Schriften, ohne eine eindeutige Antwort zu finden. Schließlich kam der Morgen des letzten Tages. Voller Kummer ging er auf einen Spaziergang. Was, wenn ihm keine Antwort einfiele, die der stolze und grausame Machthaber verstehen und annehmen würde?

An einer Weide begegnete er einem seiner Schüler, einem armen, in Stofffetzen gekleideten Kuhhirtenjungen. Dem Schüler fiel sofort die Unruhe des Priesters auf. „Was bedrückt Euch, Meister?", fragte er. „Nichts, wobei du mir helfen könntest", antwortete der Priester und fügte düster hinzu: „Vielleicht wirst du mich heute zum letzten Mal sehen."

Der Schüler bohrte nach, und als er schließlich die Frage des Königs hörte, rief er lachend aus: „Geh zum König und sag ihm, diese Frage sei so einfach zu beantworten, dass selbst dein geringster Schüler, ein einfacher Kuhhirtenknabe, die Antwort wisse. Dann rufst du mich herein."

Der Priester hatte nichts zu verlieren. Als ihn daher der König am Nachmittag zur festgesetzten Stunde vorlud, sprach er, wie ihm sein Schüler geraten hatte. „Gut", rief der König aus, „so holt den Kuhhirten herein!"

Der Kuhhirte überraschte den König mit folgenden Worten: „Majestät, bevor ich deine Frage beantworte, möchte ich dich darauf hinweisen, dass in deinem Hof das Protokoll nicht richtig eingehalten wird. Du willst von mir lernen, doch du sitzt auf dem Thron und ich stehe vor dir. Wenn der Schüler vom Meister hört, sollte der Meister oben sitzen und der Schüler unten."

Aufgeregtes Murmeln folgte diesen kühnen Worten, und die Minister warteten gespannt, wie der König reagieren würde. Nach kurzem Nachdenken sah der König ein, dass er diesem Argument nichts entgegensetzen konnte. So bezwang er mühsam seinen Zorn über die Dreistigkeit des Knaben und stieg wortlos vom Thron herunter. Da ließ sich der Knabe behände auf dem Thron nieder und erklärte dem König und dem anwesenden Hofstaat mir lauter Stimme: „Genau das ist Gottes Werk: Er bringt die Stolzen nach unten und die Demütigen nach oben."

* * *

Von Vyasadevas Höhle steigen wir nach unten, dorthin, wo die Sarasvati mit jäher Gewalt aus dem Berg herausschießt. Wir gehen so dicht heran wie möglich. Wasser fällt in einem Nieselregen auf uns; die Sarasvati tobt, schäumt und stiebt. Die Brücke, die wir benutzen, ist ein einzelner Felsblock, den einst Bhima, der mächtige Pandava-Krieger, hier über die Sarasvati legte, damit seine Brüder und ihre gemeinsame Gemahlin Draupadi den Fluss überqueren konnten. Unter uns verschwindet die Sarasvati in einer tiefen, ganz von Moos bewachsenen Schlucht. Man sagt, dass zuunterst in der Schlucht, auf dem Grund des Flussbettes, Shiva in einer spirituellen Dimension gegenwärtig sei und sich von Sarasvati den Kopf umspülen lasse. Wir steigen in die Schlucht hinab und sehen zwei Rinnsale aus dem Berg fließen. Das eine soll unterirdisch vom sagenumwobenen See Mana-Sarovar in Tibet kommen. Es wird empfohlen, davon zu trinken; der Geist soll dann klar und glücklich werden. Jeder von uns trinkt eine ganze Flasche davon.

Ich versuche, die unsichtbare Gegenwart Shivas zu erfassen. Es ist schon ein seltsames Gefühl, von einer spirituellen Wirklichkeit umgeben zu sein, die man nur ahnend spürt, aber nicht greifen kann. Etwas annähernd Vergleichbares habe ich einmal in jungen Jahren in einem Gruselfilm erlebt. Plötzlich war die Atmosphäre von der Gegenwart Graf Draculas geprägt, obwohl er gar nicht auf der Leinwand zu sehen war. Die Spannung jagte mir eine Gänsehaut über den Rücken – doch der, der sie auslöste, war gar nicht sichtbar! Sei mir dieser ungeschickte Vergleich vergeben, aber so ähnlich fühle ich mich in dieser Schlucht in Shivas Gegenwart. Nur ist es kein gruseliges, sondern ein schönes und ehrfurchtgebietendes Gefühl.

Während wir die Schlucht weiter hinunterklettern, hören wir die Sarasvati gurgeln und brausen. Der Klang hat es in sich, es ist fast Obertonmusik. Dann entdecken wir einen Yogi, dem wir einige Fragen stellen wollen, doch er ist in tiefe Meditation versunken, und seine Augen sehen durch uns hindurch.

Gegen Mittag wandern wir zurück nach Badrinath. Am Dorfrand sehe ich einen gewaltigen Stein mit deutlich sichtbaren Augenformen. Ich höre, dass dies die Augen Anantas sind, einer Gestalt Gottes, die alles und jeden seit unvordenklichen Zeiten beobachtet. Seit heute weiß ich aus eigener Erfahrung von seinem unablässigen, teilnahmsvollen Blick, der mich wohl das ganze Leben lang begleiten wird.

Nach dem Mittagessen gehen wir wieder in den Tempel von Badrinath. Diesmal bade ich vorher in den heißen Quellen. Es ist schon ein eigentümliches Gefühl für jemanden, der das Badezimmer sonst immer allein benutzt, sich mit Hunderten von Indern gleichzeitig zum Baden umzuziehen. Es herrscht allerdings eine sehr kameradschaftliche, ja freundliche Atmosphäre, da alle das heilige Bad und den Tempelbesuch im Sinn haben. Hier begegnen sich Bettler und General als spirituell Gleichgestellte.

Die Quellen sind dampfend heiß. Man muss ganz langsam hineingleiten. Das Wasser ist jedoch so schwefelhaltig, dass die Haut nicht aufspringt.

Nach dem Bad, bei dem ich mir wie eine Kartoffel im siedenden Wasser vorkomme, gehe ich mit Lakshmana in die eiskalte, stürmisch dahinschießende Alakananda-Ganga. Das Wasser ist wirklich gletscherkalt, aber wir sind ja gut aufgeheizt. Mutter Ganga nimmt uns wieder in ihre gütige, wohltuende Umarmung. Während wir uns an den eisernen Ketten festhalten, um nicht bis nach Haridwar fortgespült zu werden, bewundern wir ihre Kraft. Für einen kurzen Augenblick denke ich daran loszulassen – was wohl mit mir geschehen würde?

Rasch ziehen wir unsere Kleider an. Neben mir rezitiert ein Brahmane monoton seine Gebete. Fünf Meter entfernt lässt sich ein betagter Sadhu von einem Diener heißes Wasser aus den Quellen über den Körper gießen, und noch ein bisschen weiter entfernt ist ein Yogi damit beschäftigt, seine Haare zu trocknen, die bis zum Boden hinunter reichen. In der Ferne hört man die laute Unterhaltung der Dorfbewohner, die in einem der heiligen Seen ihre Wäsche kochen – mit viel Seife, versteht sich: Profanes und Heiliges liegen in Indien dicht beieinander!

Wir gehen zum Tempel hinauf. Und wieder das gleiche Erlebnis: Sowie wir vor die Altargestalt treten, verflüchtigen sich alle alltäglichen Gedanken. Badrinath sitzt im Padmasana, der Lotosposition. Sein Rückgrat ist aufrecht, seine Hände liegen auf den Knien. Wir können jedoch im Augenblick nur seine große Krone und das solide Golddach sehen, denn alles andere ist von Brokatstoffen und den dicken Tulasi-Girlanden bedeckt. Beim genaueren Betrachten des Altars bemerken wir auf der rechten Seite die Altargestalten der Zwillinge Nara-Narayana. Der Heilige Narada Muni kniet vor der rechten Seite, ist aber kaum zu sehen. Auf der linken Seite stehen Kuvera, der Gott des Reichtums, und ein silberner Ganesh. Garuda, der gefiederte Träger Vishnus, kniet vorne zur Linken Badri-Narayanas.

Während ich ganz vorn am Altar vor der Altargestalt stehe und Gebete spreche, zieht eine endlose Schlange von Pilgern an mir vorbei. Ihren Gesichtern sieht man meistens noch die Anstrengung der Reise an. Viele sind vom Alter gebeugt. Sie haben die beschwerliche Reise unternommen, weil sie auf eine Segnung hoffen. Im Narada Purana sagt Badrinath: „Ob ein Mensch gut oder schlecht ist – wenn er nach Badrinath pilgert und dabei immer an mich denkt, wird er mit Sicherheit zu mir in die spirituelle Welt kommen."

Als wir den Tempel verlassen, sehen wir einen General der indischen Armee die Treppenstufen hochkommen. Er ist von schwerbewaffneten Leibwächtern umgeben und verteilt Spenden an die Bettler. Auch er hofft, durch Badri-Narayanas Gnade Freiheit vom Karma zu erlangen.

6

Yogi und Yeti

Einer Rasierklinge gleich, sagen die Weisen,
ist der Pfad, schmal und unwegsam ist er.
(Aus den Upanishaden)

Wir sitzen in meinem kleinen Zimmer mit Ausblick auf den Badrinath-Tempel und singen Gebete zum spirituellen Meister. Danach gibt Atmananda einen Vortrag. Er erzählt: „Vor langer Zeit meditierten Shiva und Parvati, der größte Yogi und die beste Yogini, in Badrinath. Eines Tages jedoch wurde die Winterkälte in dem schneeverwehten Hochgebirgstal so eisig, dass Parvati die Kälte nicht mehr aushielt. Um ihr Linderung zu verschaffen, schuf Shiva zwei heiße Quellen. In diesen Quellen haben wir gestern gebadet. Ihr Wasser steigt aus vulkanischer Tiefe auf, und selbst im tiefsten Winter sorgen sie für heißes Wasser."

„Aber wenn dies der Ort Shivas wäre, müsste er als Shiva-Ashram und nicht als Badarik-Ashram bekannt sein", wirft Bala Gopala ein. Atmananda lächelt und erzählt die Geschichte, wie sich Vishnu diesen Ort einstmals von Shiva mit einem Trick erschlich:

Als Shiva und Parvati einmal im tiefsten Winter hier meditierten, hörten sie in der Nähe ein verzweifeltes Schluchzen. Parvati brach ihre Meditation ab und suchte im Schneegestöber nach dem Ursprung der Klagelaute. Bald fand sie einen kleinen, wunderschönen Jungen, der frierend im Schneetreiben stand und bitterlich weinte. Parvatis mütterliche Gefühle waren sofort geweckt. Sie lief zu dem Knaben und wollte ihn aufnehmen und liebkosen. Doch da hörte sie Shiva rufen: „Nein, nimm ihn nicht zu dir! Er ist gekommen, um uns alles zu nehmen."

Doch Parvati verstand Shivas Sorge nicht. Sie nahm den bezaubernden Jungen auf den Schoß, speiste ihn und versuchte ihn zu trösten. In ihrem gutmütigen Herzen zutiefst gerührt, versprach sie: „Du kannst alles von mir haben, wenn du nur aufhörst zu weinen."

Kaum hatte sie dies gesagt, verwandelte sich der Junge und wuchs und wuchs, bis er als vierarmiger Vishnu vor Shiva und Parvati stand. „Dein Versprechen, Parvati, muss eingelöst werden!", sprach er. „Ich will diesen Ort haben."

Shiva, der gewusst hatte, wer der Besucher war, warf Parvati einen tadelnden Blick zu . Aber das Versprechen war gegeben, und so übergab Shiva dieses Tal an Vishnu, der sogleich in tiefe Meditation versank. Lange Zeit meditierte der Herr hier in seiner Form als Narayana, und Lakshmi wurde, wie bereits beschrieben, zum Badri-Baum, um ihn zu beschützen.

* * *

Je länger wir in Badrinath sind, umso stärker wird der Wunsch, so oft wie möglich den Tempel zu besuchen.

Gestern hat Dr. Aurelius mit dem Satellitentelefon in die Schweiz telefoniert und die neuesten Nachrichten aus der Welt gehört. Als er zurückkam, sagte er, dass er das Gefühl gehabt hätte, aus einer anderen Welt Kontakt mit der ihm bekannten aufzunehmen. „Obwohl wir erst so kurze Zeit im Himalaya sind", sagte er, „erscheint es mir, als sei ich hier zu Hause und Europa – dieser nach materieller Perfektion strebende Riese, der sich dabei ständig in dem unsinnigen Trott alter Denk- und Verhaltensmuster bewegt – läge in einer verschwommenen Dimension."

Ja, das empfinde auch ich so. Wir sind in einer anderen Welt angelangt, mit Badrinath als Zentrum, einer Welt, die uns mehr und mehr in ihren Bann zieht. So wird es wohl auch in der spirituellen Welt sein, in der die Sinne, der Geist und überhaupt alles ganz darauf ausgerichtet sind, Krishna zu dienen. In der materiellen Welt ist uns dieses Zentrum abhanden gekommen. Wir sind zu Egozentrikern geworden. Doch die spirituelle Welt ist der Ort, wo Krishna der einzige Mittelpunkt ist. Um dorthin zu kommen, braucht man „nur" das falsche Ego loszulassen. Loslassen ist immer wieder ein Schritt zum wirklichen Sein. Dieser Gedanke wird mir immer vertrauter. Ich beginne die Früchte der Pilgerreise zu ernten.

Als Dr. Aurelius uns über das aktuelle Weltgeschehen aufklärt, gleicht meine Neugier beim Zuhören dem distanzierten Erleben eines Kinobesuchers, der beobachtet, wie sich die Menschen auf der Leinwand aufgeregt beschäftigen. Selbst großangelegte Kriege erwecken in mir an diesem Ort keinen größeren Eindruck als die Begegnung zweier Ameisenheere, die vor meinen Füßen um den Besitz von fünfzehn Quadratzentimetern Boden streiten. Was bedeuten solche Episoden schon in der Geschichte von Welten, die in einem Atemzug Gottes entstehen und vergehen?

Gestern Nacht habe ich für lange Zeit den Sternenhimmel betrachtet, eine Beschäftigung, in die ich mich bereits als Kind oft vertiefte. Die alte Frage tauchte wieder auf: Welche Bedeutung hat die Existenz unseres Planeten angesichts der Unendlichkeit des Raumes, der von zahllosen Erden und Sonnen bevölkert wird? Im funkelnden Licht der Sterne, das aus unendlichen Fernen zu uns dringt, erscheint mir die Erde wie ein Staubkörnchen, das in dem unendlichen Raum für kurze Zeit entsteht und wieder untergeht. Indien hat mir bei meinen Besuchen immer wieder das Wesentliche gezeigt, und ganz besonders erfahre ich dies nun durch den gewaltigen, stillen Himalaya: Die unsterbliche Seele ist ein Teil des unendlichen Gottes. Diese Sicht hilft uns, dem eigenen Schmerz und dem ganzen Weltschmerz mit einer relativen Sicht zu begegnen. Ich erinnere mich an die Augen Gottes, die alles seit unvordenklichen Zeiten beobachten. In einem einzelnen Blinzeln dieser Augen scheint mir die gesamte Maya-Welt zu entstehen und wieder zu vergehen. Mit dieser Sicht fällt es leicht zu verstehen, dass eine Umkreisung des Tempels gleichbedeutend ist mit der Umkreisung des gesamten Universums.

* * *

Gegen Mittag besuchen wir den Priester, der schon seit zwanzig Jahren die Altargestalt verehrt. Er empfängt uns auf seinem Bett sitzend und der Kälte wegen in Decken eingewickelt. Pandit, unser Begleiter aus Rudraprayag, erzählt ihm, dass ich Sanskritverse chanten kann. Sofort ist das Interesse unseres Gastgebers geweckt. Er bittet mich, einige Verse zu zitieren, und ich wähle eine Stelle aus dem *Shrimad Bhagavatam*. Sie beschreibt Vyasadevas Gotteserkenntnis, als er an diesem Ort, in Badarik-Ashram, meditierte:

„So sammelte er seinen Geist, indem er ihn durch Bhakti-Yoga, den verbindenden Vorgang des hingebungsvollen Dienens, beschäftigte. Als sein Geist in vollendeter Form, ohne eine Spur von Materialismus, ausgerichtet war, sah er den höchsten Herrn zusammen mit dessen äußerer Energie, die völlig unter der Kontrolle des Herrn stand."

Die letzte Zeile dieses Verses, *mayam ca tad-apashrayam* (die äußere Energie steht völlig unter Gottes Kontrolle), versetzt den Tempelbrahmanen in helle Aufregung. Er wiederholt immer wieder: *„Mayam ca tad-apashrayam! Mayam ca tad-apashrayam!"* Die beiden Brahmanen sind in ihrem Element. Sie sprechen in Sanskrit über die wunderbare Natur des spirituellen Lebens: *Mayam ca tad-apashrayam* – wo Gott ist, kann es keine Unwissenheit geben! Mit feuchten Augen schauen sie dabei immer wieder auf uns, sichtlich gerührt über die Rezitation des heiligen *Bhagavatam* aus dem Munde eines Westländers. Unsere Gegenwart ist der lebende Beweis für diese Verse!

Nach einiger Zeit winkt der Priester zwei warm eingemummte Gestalten herbei. Es sind Tempeldiener, die uns ein einfaches Mahl bringen.

Mit dem Essen ist es hier so eine Sache: Man hat eigentlich keinen richtigen Hunger, denn in der Luft ist so viel Energie, dass es überflüssig und sogar belastend erscheint,

Kraft über den mühsamen Verdauungsvorgang zu gewinnen. Ich habe von Yogis gehört, die schon seit Jahrzehnten nichts mehr essen. Während der gewöhnliche Mensch seine Lebensenergie durch die Nahrung bezieht, können Yogis sie im Laufe ihrer Entsagung zunächst durch Wasser, dann durch Sonnenstrahlen und schließlich nur noch durch Luft allein aufnehmen. Wir fühlen uns auch schon fast wie Yogis.

Unser Pandit, der in seiner Jugend für längere Zeit hier gelebt hat, kann sich an viele Begegnungen mit Yogis erinnern. Er berichtet: „Einmal hatte ich mich für ein Nickerchen unter einen Busch gelegt. Plötzlich wurde ich von zwei Stimmen geweckt, und als ich schlaftrunken aufschaute, sah ich einen jungen Yogi von strahlender Schönheit und einen sehr alten Asketen, der nur noch mit Mühe stehen konnte. Der alte Yogi bat den jungen um Hilfe: das Leben in seinem Körper sei zu beschwerlich geworden, ob er denn die Sanjivani-Pflanze bei sich habe. Da nahm der junge Yogi aus einem kleinen Sack eine Pflanze, die etwa wie eine Stangenbohne aussah, gab ihm eine Hälfte davon und warf die andere weg. Sowie der alte Yogi die seltsame Pflanze aß, transformierte er sich. Innerhalb von zehn Minuten hatte er einen völlig neuen Körper! Er bedankte sich und ging mit großen Schritten den Berg hoch, bis er in den Wolken verschwand.

Erstaunt wollte ich den jungen Yogi befragen, doch auch er verschwand auf der Stelle, wie ein Lichtblitz. Dummerweise war auch die halbe Sanjivani-Pflanze nicht mehr da“, schließt der Pandit augenzwinkernd, „sonst würde ich mich jetzt bestimmt viel jünger fühlen.“

Für den Nachmittag haben wir uns einen ganz besonderen Ausflug vorgenommen. Wir wollen die Vasudhara-Wasserfälle besuchen, die in einem einsamen Tal des Himalayagebirges hundertfünfzig Meter in die Tiefe stürzen. Die sechs Kilometer lange Wanderung wird uns auch an einigen Höhlen von mystischen Yogis vorbeiführen. Wir brauchen jedoch eine spezielle Erlaubnis, denn der größte Teil des Weges liegt in militärischem Sperrgebiet. Durch einen einflussreichen Schüler des Pandit bekommen wir sie – aber nur unter der Bedingung, dass der Pandit die volle Verantwortung für unser Leben übernimmt.

Wir lassen uns von unserem Jeepfahrer nach Mana fahren, gehen mit den Yaks und den zottigen Gebirgshunden durch das Bergdorf, vorbei an den Webstühlen, auf denen die Frauen aus Yakwolle Teppiche und Umhänge weben, und kommen zu dem mit drei schlafenden Soldaten besetzten militärischen Stützpunkt. Wir wecken sie auf. Sie wissen bereits von unserer Spezialerlaubnis und bitten uns lediglich, unsere Pässe zu deponieren. Als ich meinen herausziehe und die Seite mit dem Foto beiläufig anschaue, stelle ich erschrocken fest, dass ich versehentlich den Pass des zwanzig Jahre älteren Bharata mitgenommen habe, der in der Herberge geblieben ist. Wie wenn nichts wäre, gebe ich den Pass einem der Soldaten – was bleibt mir anderes übrig? Er schaut mich prüfend an – und findet alles in bester Ordnung. Genauso wie es für einen Europäer schwierig ist, die Inder auseinanderzuhalten, so können auch Inder die Europäer nur schwer unterscheiden. Außerdem sind wir sowieso mehr als die Daten, die den Körper beschreiben.

Bei der Felsenbrücke überqueren wir die schäumende

Sarasvati, grüßen den Yogi, der uns heute aus seiner Höhle im Felsen zuwinkt, und lassen die Zivilisation hinter uns. Unser Pilgerzug zieht sich bald weit auseinander, sodass jeder für sich geht.

Es ist kaum möglich, die Empfindungen bei einer Wanderung durch den Himalaya zu beschreiben. Man fühlt sich losgelöst, über sich selbst stehend, umgeben von Stille. Am Anfang wirkt diese Stille ungewohnt, ja fast befremdend, doch bald wird klar, dass sie voller Inhalte und Bedeutungen ist. Manchen Pilgern ist diese inhaltsvolle Stille fast unheimlich, und sie scheuen davor zurück, sich ihr zu überlassen. Bei Rishikesh traf ich mitten im Dschungel zwei Westländer, die ein batteriebetriebenes Tonbandgerät mit sich trugen. Fast wie zum Schutz vor der Stille spielten sie ununterbrochen laute Hindifilmmusik ab – sie waren regelrecht abhängig geworden von dem weltlichen Lärm.

Menschen reden ständig, von morgens bis abends. Reden, das haben wir von klein auf gelernt. Doch haben wir jemals gelernt, wirklich zuzuhören? Mit beiden Ohren und vor allen Dingen im Herzen? Pilgern heißt auch immer wieder still werden, damit das Herz Gott hören kann. Stille bedeutet, sich abzukoppeln von dem ständigen Lärmen der Welt und ihrer Wiederholung durch den eigenen Geist. Damit ist also auch eine gedankliche Stille gemeint. In dieser Stille, besonders inmitten der unberührten Natur, entsteht ein Raum, der die eigene Spiritualität, frei von allen mentalen Konzepten und verkrusteten Denkweisen, neu entfaltet, ursprünglicher und frischer als je zuvor. In diesem Raum begegnet dem Pilger eine neue Perspektive über sich selbst und sein Leben. Was war, was jetzt ist und was in der Zukunft sein wird, nimmt der Pilger plötzlich mit großer Klarheit wahr. Diese göttliche Dimension erschließt sich ihm besonders lebhaft, wenn er nach langer Wanderung vor einem Heiligtum ankommt.

Auf dieser Wanderung wird mir klar, dass alles von einer göttlichen Kraft getragen wird. Krishna drückt diesen Gedanken in der *Gita* so aus: „Alles ruht auf mir wie Perlen auf einer Schnur." Diese göttliche Kraft gleicht einer Melodie, die einer Violinsaite entspringt, in der alles schwingt und die das All zusammenhält. Gewaltige Bergmassive, Flüsse, die Höhlen und Einsiedeleien der Yogis, aber auch die lärmenden Großstädte mit ihren unruhigen, unterhaltungsfreudigen Menschenmassen, alles ruht auf dieser göttlichen Schwingung, auf Gottes Wort. Wir sind so sehr darauf aus, unsere eigene „Weisheit" in das Leben zu setzen, dass wir nicht hören wollen, was Gott uns sagt.

„Von mir allein kommen Wissen, Erinnerung und Vergessen", erklärt Krishna. Er gibt den schöpferischen Impuls, aber auch die lähmende Trägheit des Vergessens. Wer sich darauf einstellt, indem er lernt, mit dem Ohr des Herzens zu hören, erfährt mit der Zeit, wie ständig Signale an ihn herangetragen werden. Entweder durch Gott selbst oder durch andere. Einmal las ich im Talmud: „Jeder Grashalm hat einen Engel, der sich über ihn beugt und ihm zuflüstert: ‚Wachse, wachse, wachse!'"

* * *

Während ich den an vielen Stellen von Lawinen verschütteten Steinpfad höhersteige, bete ich immer wieder einen Vers aus dem *Bhagavatam,* der die Sehnsucht nach der spirituellen Welt ausdrückt: „O mein Herr, wann wird mir die Gunst gewährt, wieder ein Diener deiner ewigen Diener zu sein? Wann wird mein Geist stets an deine transzendentalen Eigenschaften denken, meine Rede stets dich preisen und mein Körper stets in deinem liebevollen Dienst beschäftigt sein?"

Einmal kommt mir auf dem schmalen Fußweg ein Esel entgegen, ein andermal ein Maultier. Ein stilles Einverständnis herrscht hier zwischen Mensch und Tier. Wir machen respektvoll Platz füreinander. Unten im Tal weiden Yaks, bewacht von einigen eskimohundähnlichen Zotteltieren. Einmal kommt uns ein Zug tibetisch aussehender Frauen entgegen. Sie haben Bündel frisch gepflückter Himalaya-Kräuter auf den Schultern. Als sie an mir vorbeigehen, atme ich eine Wolke gesunder Düfte ein.

Für kurze Zeit regnet es, und ich suche unter einem Felsen Zuflucht. Ich kann mir gut vorstellen, hier einfach sitzen zu bleiben.

Einmal, während meine Blicke an der Felswand entlanggleiten, mache ich eine Entdeckung, die ich nur schwer einordnen kann: Vor einer dunklen Höhle sehe ich plötzlich ein schemenhaftes Wesen, groß und stark behaart. Im nächsten Augenblick ist es verschwunden. War es ein Yogi oder ein Yeti?

Schließlich komme ich am Vasudhara-Wasserfall an. Die anderen warten schon – nur der Pandit und sein Begleiter sind noch hinter mir. Andächtig bestaunen wir das Naturwunder, das sich unseren Augen offenbart. Das herabstürzende Wasser glitzert und glänzt im Sonnenschein. Obwohl es hier oben recht kalt ist, lädt die Sonne uns mit ihren Strahlen ein, im Wasserfall zu baden. Sie wird uns danach schon wieder aufwärmen. Während Dr. Aurelius und ich, unter einem Felsen stehend und schnaubend vor Kälte, das klare Flusswasser auf uns herunterlaufen lassen (nicht direkt beim Wasserfall, denn da kommen manchmal Steine mit herunter), wäscht Lakshmana ein paar Früchte. Als wir uns abtrocknen, weiht er sie, und danach verspeisen wir sie zusammen mit dem letzten Studentenfutter, das Dr. Aurelius aus der Schweiz mitgenommen hat.

Währenddessen sind auch der Pandit und sein Begleiter eingetroffen und nehmen hungrig an dem Mahl teil.

Nur einer fehlt, wie uns plötzlich bewusst wird: Bala Gopala hat sich stillschweigend von uns getrennt und klettert auf der anderen Seite des Wasserfalls hoch. Er war schon die ganze Zeit innerlich angespannt – wie wir alle, hat auch er auf dieser Pilgerreise einige Aufgaben zu lösen. Da sehen wir ihn auf halber Höhe neben den tosenden Wassermassen. Wir machen uns Sorgen. Der Pandit, der dem Militär gegenüber für unsere Sicherheit verantwortlich ist, bekommt regelrecht Angst. Er schaut zu mir herüber und ruft aufgeregt: *„Murkh, Murkh!“* (Dummkopf) und zeigt wild fuchtelnd auf Bala. Die Strecke ist steil und selbst für einen geübten Bergsteiger gefährlich, weil an den gischtbestäubten Berghängen glitschiges Moos wächst. Das Tosen des Wasserfalls macht jegliche Kommunikation unmöglich. Bala Gopala ist schließlich nur noch als kleiner Punkt zu erkennen. Wir sehen, wie er zielstrebig einer Höhle entgegenklettert. Doch dann geschieht etwas Seltsames. Als er der Höhle näher kommt, bildet sich ein Nebel, der den Eingang zusehends verdeckt. Bala Gopala zögert und fragt sich wohl, ob er weitergehen soll. Schließlich kehrt er um und kommt ganz vorsichtig und langsam zurück. Einmal rutscht er aus, doch er kann sich wieder fangen.

Als Bala Gopala mit zittrigen Knien wieder unter uns steht, berichtet er: „Sorry, ich war etwas angespannt und musste mich einfach ein bisschen abreagieren. Besser am Berg als an der Gruppe, dachte ich. Ich wollte die Höhle erreichen, doch plötzlich hatte ich das deutliche Gefühl, als wolle mir jemand mitteilen: ‚Hier darfst du nicht hin. Du bist ein Eindringling, der nicht erwünscht ist. Kehre um, geh zurück.' Diese Eingebung war so stark, dass es gar nicht in Frage kam weiterzuklettern. Also, hier bin ich wieder. Habt ihr noch ein paar Früchte übrig?"

Ich habe schon oft gehört, dass manche dieser heiligen Gebiete von großen Persönlichkeiten bewacht werden. Gut, dass Bala Gopala auf sie gehört hat!

Als wir uns nach einem zweistündigen Aufenthalt auf den Rückweg machen, sehen Bala Gopala, Lakshmana und ich einen scheuen Yogi, der mit einem Eimer in einem der Flüsse Wasser schöpft. Ich habe seine Höhle schon beim Aufstieg bemerkt, ihn selbst jedoch nicht entdecken können. Als ich ihn nun am Fluss Wasser schöpfen sehe, wird mir der Unterschied zwischen ihm und uns bewusst. Während wir hier lediglich Besucher sind, die die einmalig schöne Berglandschaft bewundern, lebt er in unmittelbarer Nachbarschaft mit den Wundern der Region. Ob er wohl Yetis kennt?

Ich denke an die Beobachtung beim Aufstieg zurück, die ich nicht einordnen kann. Der Yeti ist wohl der legendärste Bewohner des Himalaya. In Nepal stand er bis 1958

Auf der Pilgerreise – der Weg des großen Abschieds.

Hauptbadestelle (Ghat) in Haridwar, dem Ort, wo die Ganga aus dem Himalaya in die Tiefebene fließt. Viele Pilger nehmen hier ihr Bad.

Die mittelalterliche Stadt Devaprayag am Zusammenfluss zweier Ganga-Arme (Alakananda und Bhagirathi).

Mutter Gangas kleine Töchter bei der Ganga-Verehrung.

Ganga-Strand mit Ashramas bei Rishikesh.

Nrisimha-Tempel hoch oben im Gebirge bei Joshimath.

Gebirgsmassiv in der Nähe der Ganga-Quelle.

Badrinath – die Alakananda-Brücke (Bildmitte) führt zum Tempel.

Der Eingang zum Tempel. Es ist nicht erlaubt, imTempel zu fotografieren.

Pilger strömen aus dem Tempeleingang.

„Wie eine Kartoffel im siedenden Wasser" – ein Bad in den heißen Quellen von Badrinath.

Gebirgsmassiv in der Nähe der Ganga-Quelle.

Die Königin des Himalayas, der Gipfel von Nilakant, auch als „leuchtende Pyramide" bekannt.

Eine zur Ruhe gekommene Felslawine.

Auf der Fahrt nach Kedarnath.

Aufstieg im Regen. Im Hintergrund ein abgerutschter Berg.

Shiva in Meditation, mit Ganga.

Ein allerfrischendes Bad in der Ganga.

Mönch in der Bergwildnis, der aus dem Eops *Ramayana* vorliest.

Der Autor in (s)einer Höhle.

unter Naturschutz. Es gibt viele Bergsteiger, die Fotos von gigantischen Fußspuren im Schnee und haarigen, aufrecht gehenden Riesen haben, die plötzlich aufgetaucht sind und sich dann scheu versteckt haben. Und zahlreicher noch sind die Erzählungen über sie. Eine habe ich vor etwas längerer Zeit von einem deutschen Bergsteiger gehört, der mit einer Sondergenehmigung in Tibet gewesen war:

Zwei Yogis befanden sich einmal an der Grenze zwischen Tibet und Assam auf der Suche nach einem sagenumwobenen, paradiesischen Landstrich, der angeblich nur von Menschen mit völlig reinem Herzen bewohnt wird. Auf ihrer Wanderschaft erreichten sie eine unsichtbare Schwelle, die nur der ältere Yogi überschreiten konnte. Der jüngere, spirituell noch nicht so weit fortgeschrittene, musste zurückbleiben und ging in ein anderes Gebirgstal, wo er von einer schweren Gichterkrankung heimgesucht wurde. Er baute sich eine Art Grashütte und ernährte sich von der Milch von Wildziegen, die ihm die Vorsehung geschickt hatte; sonst wäre er wohl umgekommen.

Dieser Yogi sah nun, wie sich jeden Morgen ein behaarter Riese zum Fluss begab, um dort zu trinken. Danach trottete er wieder in den Wald zurück. Einmal konnte der Yogi einen riesengroßen Fußabdruck am Ufer sehen. Wochen vergingen, und jeden Morgen kam der unheimliche Nachbar des Yogis an den Fluss. Einige Male schaute er prüfend zum Asketen herüber, doch ohne sich ihm zu nähern.

Doch irgendwann blieben die Besuche des zottigen Riesen aus. Nach einigen Tagen sorgte sich der Yogi: Ob sein Nachbar wohl Hilfe brauchte? Trotz seiner Gichtschmerzen machte er sich auf den Weg in das dichte Unterholz und stieß dabei auf eine windschiefe Holzhütte, die wohl Einsiedler errichtet und dann wieder verlassen hatten. Aus der Türöffnung ragten zwei riesige Füße oder Tatzen. Als der Yogi vorsichtig näher trat, sah er, dass der Yeti mit geschlossenen Augen und schwer atmend in der Hütte lag. Sein Fell war feucht vom Fieberschweiß, und in dem halbgeöffneten Maul waren zwei lange Reißzähne sichtbar. Das Wesen sah zwar menschenähnlich aus, war jedoch von einer etwas unheimlichen Aura umgeben. In einem der Füße steckte ein zeigefingerlanger Splitter, um den herum es eiterte.

Der Yogi war sich sehr wohl bewusst, dass der Yeti ihn erschlagen könnte, doch sein Mitgefühl ließ es nicht zu, die hilflose Kreatur weiter leiden zu lassen. Also zog er den Splitter heraus, säuberte mit einem Stofffetzen die eitrige Wunde und tat soviel Speichel wie möglich in die Wunde hinein. Dann verband er den Fuß mit einem weiteren Fetzen seines Gewandes. Der Yeti rührte sich nicht. Nur einmal, als der Yogi den Splitter herauszog, entrang sich seiner Kehle ein gurgelndes Geräusch. Er sah fast aus wie ein Patient auf dem Operationstisch.

Als der Yogi fertig war, ging er zum Fluss hinunter und füllte seine Schale mit Wasser, um sie dem Yeti hinzustellen. Nach ein paar Tagen hatte sich der Gesundheitszustand des Riesen so weit verbessert, dass er mühsam zum Fluss heruntergehumpelt kam und selbst Wasser holte. Und eines Tages stand er vor der Hütte und legte die Schale zurück. Von da an erholte sich der Yogi nach und nach von seiner Gicht. Als er einmal umherwanderte, kam mit einem Riesensatz der Yeti vom Baum gesprungen, baute sich vor dem Yogi auf, zog eine Grimasse, hob die Arme in die Luft – und verschwand wie ein Spuk. Kurze Zeit später krachte es in den Bäumen, und der Yeti erschien mit einem frisch erlegten Tiger über der Schulter. Er warf das Raubtier mit einem Grunzen dem Yogi zu Füßen und verschwand. Der Yogi häutete den Tiger – sein Fell hat eine abschreckende Wirkung auf Schlangen und ist daher eine beliebte Sitzunterlage für Asketen – und zerrte das Fleisch mühsam zur Hütte seines gesundeten Patienten, der anscheinend kein Vegetarier war. Nach einiger Zeit war die Gicht völlig aus den Knochen des Yogis verschwunden. Er hatte ein Beispiel für unerschrockenes Mitgefühl gegeben.

Inzwischen sind auch wir zum Fluss hinuntergewandert. Der Yogi ist in seiner Höhle verschwunden. Bala Gopala und ich beschließen, ihn aufzusuchen. Wir klettern den von ihm barfüßig ausgetretenen, kaum handbreiten Pfad hoch. Am Eingang rufen wir ihn, doch der scheue Yogi will uns nicht begrüßen. Achselzuckend machen wir kehrt, gehen einige Dutzend Schritte zurück und drehen uns dann nochmals um. Da erscheint er wie ein schüchternes Kind im Eingang der Höhle. Man muss sich überlegen, dass diese Yogis schon seit langer Zeit in der Einsamkeit leben. Sie ernähren sich völlig anders als wir – manche leben nur vom Prana, der feinstofflichen Lebensluft – und beschäftigen sich ausschließlich mit spirituellen Tätigkeiten. Wir „Talbewohner" müssen ihnen vorkommen wie unterentwickelte Menschen, weil wir keine ihrer Fähigkeiten haben, wie z. B. die, den eiskalten Winter ohne Zentralheizung zu überstehen.

Da der Yogi nicht unfreundlich dreinschaut, begeben wir uns wieder nach oben. Ich bringe ihm meine Ehrerbietung dar. Es fällt mir nicht schwer, solche Menschen zu respektieren. Der Yogi wird verlegen. Dann schaut er uns fragend an, was unser Anliegen sei, und wir bedeuten ihm, dass wir gerne seine Höhle besichtigen würden. Sofort wird er sehr gastfreundlich. Seine Augen scheinen zu sagen: „Wenn das alles ist – nur hereinspaziert!“ Die Höhle hat zwei Teile: Im einen befinden sich das karge Nachtlager des Yogis und ein paar Töpfe und Krüge, der andere Teil ist der sakrale Bereich. Wir sehen einen Feueraltar und ein großes Bild von Krishna. Anscheinend führt er hier regelmäßig Feuerzeremonien für Krishna durch.

Er bietet uns eine Handvoll Früchte von seinem Altar an – das einzig Essbare, was ich in seinem Heim entdecken kann. Wir wissen, wenn wir ablehnen, würden wir ihn schwer kränken, also nehmen wir das Zeichen seiner Gastfreundschaft widerspruchslos an.

Bevor ich die Höhle verlasse, lege ich zwanzig Rupien vor den Eingang. Ich komme mir elend vor. Irgendwie erinnert mich dieser Yogi an den Heiligen Franz von Assisi, der sein ganzes Vermögen den Aussätzigen schenkte.

Schweigend und erschöpft gehen wir nach Mana zurück, wo der Fahrer mit dem Jeep auf uns wartet. Wieder geht jeder für sich. Im Schweigen liegt ein göttliches Geheimnis. Wer die ganze Zeit redet, kann Krishna nicht verstehen.

Obwohl die Begegnung mit dem Yogi kurz war und wir uns kaum verständigen konnten, hat sie doch einen tiefen Eindruck in meinem Herzen hinterlassen. Es heißt, dass das Herz eines Menschen lauter spricht als seine Worte: „Dein reines Sein spricht so laut zu mir, dass ich deine Worte nicht hören kann.“ Der Yogi und seine einfache Art haben mich tief beeindruckt. Sicherlich kann sein Asketentum im Westen nicht imitiert werden, aber für unsere innere Haltung gab er uns ein großes Beispiel. Sein Weg der Entsagung beruht auf der Erkenntnis, dass alles Materielle Illusion ist und die reine Seele von ihrer wesenseigenen Existenz ablenkt. In der Bhakti-Tradition hingegen sieht man alles, auch materielle Dinge, als Gottes Energie. Wenn man diese Energie in Krishnas Dienst stellt, ohne dabei etwas für seinen eigenen Genuss zu erwarten, so ist dies eine andere Art der Entsagung. Man nennt dies Yukta-Vairagya, die „verbundene Entsagung". Mein Weg ist der des Yukta-Vairagya. Dennoch ist es sehr ermutigend, das Beispiel anderer zu sehen, auch wenn ihr Pfad nicht dem eigenen entspricht.

7
Der große Abschied

Es gibt viele Gründe, alles beim Alten zu lassen,
und nur einen, etwas zu verändern:
Du hältst es einfach nicht mehr aus.
(Hans-Curt Flemming)

Nach der morgendlichen Vorlesung erzählt Bala Gopala eine Geschichte über das Loslassen, die er irgendwo einmal gehört hat:

Es gab einmal eine Ansiedlung von Geschöpfen am Grunde eines großen, kristallklaren Flusses. Die Strömung glitt ruhig über alle hinweg, ob jung oder alt, reich oder arm, gut oder böse. Sie ging ihren eigenen Weg, denn sie kannte nur ihr eigenes kristallklares Selbst.

Die Geschöpfe in dem Fluss klammerten sich fest an die Zweige und Steine im Flussbett, denn ihre Art zu leben bedeutete Sichfesthalten. Von Geburt an hatte man ihnen beigebracht, der Strömung zu widerstehen.

Aber unter ihnen gab es ein Geschöpf, das eines Tages sagte: „Ich habe es satt, mich immer nur festzuhalten! Ich kann es zwar nicht mit meinen Augen sehen, aber ich vertraue trotzdem darauf, dass die Strömung weiß, wohin es geht. Ich werde loslassen, damit das Wasser mich forttragen kann, wohin es will. Denn wenn ich mich weiter festhalte, werde ich womöglich noch vor Langeweile sterben."

Die anderen Geschöpfe lachten und riefen: „Du Narr! Lass nur los, und du wirst schon sehen, wie dich die Strömung, die du so sehr verehrst, packen und gegen die Felsen schmettern wird. Daran wirst du schneller sterben als an der Langeweile!"

Aber das eine Geschöpf hörte nicht auf sie. Es holte tief Luft und ließ los. Sofort wurde es herumgewirbelt und von der Strömung gegen die Felsen geworfen.

Doch schließlich trug die Strömung das Geschöpf, das sich nicht mehr festhalten wollte, vom Grund des Flusses frei, und es wurde nicht länger geschunden und verletzt.

Und all die Geschöpfe, die sich stromabwärts angesiedelt hatten und die es nicht kannten, riefen: „Sehet, ein Wunder! Ein Geschöpf wie wir, und doch fliegt es! Seht, der Messias ist gekommen, uns alle zu erlösen!"

Und der, den die Strömung trug, sagte: „Unsinn! Ich bin genauso wenig der Messias wie ihr. Der Fluss tut nichts lieber, als uns zu befreien, wenn wir nur den Mut aufbringen loszulassen. Unsere wahre Aufgabe ist diese Reise, ist dieses Abenteuer."

Aber sie riefen nur umso lauter: „Erlöser!", wobei sie sich an die Felsen klammerten. Und ehe sie sich versahen, war er gegangen, und sie blieben allein zurück und spannen ihre Legenden von einem Erlöser.

* * *

Heute brechen wir nach einem erneuten Besuch im Tempel von Badri-Narayana zu der Höhle von Mucukunda auf.

Sie liegt hoch in den Bergen und ist nur mit der Hilfe eines erfahrenen Bergführers zu erreichen. Inzwischen hat es sich bei den Bergbewohnern herumgesprochen, dass weiße Sadhus in Badrinath und Umgebung pilgern. Sie organisieren unter sich einen wegekundigen jungen Burschen, der uns die steilen Bergpfade hinaufführt.

Der Himalaya zeigt sich von seiner freundlichsten Seite. Die Sonne strahlt vom blauen Himmel herab. Wir gehen an farbenprächtigen Blumen vorbei und schauen immer wieder von oben in das Tal der Sarasvati hinab, die bald wie ein silbernes Band unter uns fließt und deren Rauschen nur noch wie ein geheimnisvolles Flüstern an unser Ohr dringt. Die Berglandschaft ist malerisch schön. Steinige Pfade, einmal eine Brücke aus Stein, immer wieder Höhlen – aber kein einziger Mensch. Viele der echten Yogis haben sich höher in den Himalaya zurückgezogen, um den Kontakt mit den Talbewohnern zu vermeiden.

Dann kommen wir vor der Höhle Mucukundas an. Wir haben eine große Taschenlampe mitgebracht und können somit tief in das Innere des Berges hineinsteigen. Schließlich wird es mir zu anstrengend, sodass ich umkehre und die anderen allein weitergehen lasse. Ich klettere dem Lichtschacht entgegen und stoße auf zwei Fußeindrücke im Felsen. Ja, das müssen Krishnas Fußabdrücke sein!

König Mucukunda war ein so mächtiger Krieger, dass ihn die Halbgötter baten, sie im Kampf gegen die Dämonen zu unterstützen. Viele Jahre lang stand er den Halbgöttern bei. Mit seinen göttlichen Waffen entfaltete er eine so gewaltige Kampfeskraft, dass die Halbgötter durch seine Hilfe die Schlacht schließlich gewannen. Voller Freude boten die

Himmelswesen Mucukunda alle Segnungen an, die er haben wollte. Doch er war einfach todmüde vom Kämpfen und bat sie nur um eines: „Ich möchte zurück auf die Erde und dort ungestört schlafen. Sollte es irgendjemand wagen, meinen Schlaf zu stören, so wünsche ich mir die Segnung, dass ich ihn durch meinen Blick auf der Stelle zu Asche verbrennen kann." Erstaunt willigten die Halbgötter ein, und Mucukunda kehrte zur Erde zurück. Sogleich suchte er diese Höhle im Himalaya auf und legte sich zum Schlafen nieder.

Zu jener Zeit wurde Krishna in seiner Stadt Mathura von einem dämonischen Fürsten namens Kalayavana angegriffen. Weil es gegen Krishnas Ehrenstandpunkt verstieß, seine Hand an diesen unzivilisierten Krieger zu legen, griff er zu einer List und trat ihm unbewaffnet entgegen. Kalayavana legte ebenfalls seine Waffen ab – nicht einmal ein Dämon greift einen unbewaffneten Gegner mit Waffen an – und versuchte Krishna zu fangen. Krishna eilte geradewegs zu der Höhle, in der Mucukunda lag, und legte dem Schlafenden seinen gelben Umhang um. Als Kalayavana auf seiner Verfolgungsjagd atemlos in der Höhle ankam, dachte er, da läge Krishna in seinem gelben Umhang und ruhte sich von der Anstrengung aus. Aufgebracht trat er den Schlafenden mit aller Kraft, um ihn zu wecken und zum Kampf herauszufordern. Mucukunda richtete sich verstört auf. Seine Blicke suchten die Höhle ab. Wer hatte es gewagt, ihn auf solch grobe Weise zu stören? Sein Blick, der durch die Segnung der Halbgötter zu einem lodernden Feuerstrahl wurde, traf Kalayavana, und der dämonische Fürst verbrannte unversehens zu Asche.

Diese List, mit der Krishna Kalayavana tötete, ohne ihn zu berühren, war jedoch nur der äußere Grund, warum er Mucukundas Höhle betreten hatte. Er nutzte dies als Vorwand, um den König, der sein großer Verehrer war, mit seinem Anblick zu segnen. So sah Mucukunda die herrliche Form des Herrn. Obwohl Krishna der höchste Herr ist, der Älteste von allen, sah er wie ein blühender Jüngling aus, und seine Bewegungen glichen denen eines Hirsches im Wald. Trotz seiner jugendlichen Form ging von ihm eine Macht aus, an der Mucukunda erkannte, dass der Ursprung aller Universen vor ihm stand. Krishna leuchtete, und ein bezauberndes Lächeln spielte um seinen Mund. Er sah in dieser Erscheinung schöner aus, als es sich irgendein Mensch vorstellen kann. Und er schaute Mucukunda mit einem barmherzigen Blick an, der den König tief im Innersten berührte.

König Mucukunda betete voller Demut und Hingabe: „O Herr, ich habe bereits so viel von meiner wertvollen Lebensdauer sinnlos verschwendet. Weil sich meine falschen Vorstellungen vom Leben immer mehr verdichteten, hielt ich meinen materiellen Körper, der doch nichts weiter ist als eine Ansammlung von Fleisch und Knochen, für das Ein und Alles. In meiner Eitelkeit bildete ich mir ein, ich sei der König der Menschheit geworden. Stolz auf meine Macht, war ich nicht imstande, dich zu erkennen, obwohl du als der beste Freund in meinem Herzen weilst. Ich wollte nichts von dir wissen, o Herr, und das war mein grundlegender Fehler.

Doch sobald unsere Frist abgelaufen ist, beendest du unsere Träume, denn als die ewige Zeit gebietest du unseren Tätigkeiten Einhalt, gleich einer hungrigen Schlange, die ohne Nachsicht eine kleine Maus mit einem Bissen verschlingt. Durch die Macht der grausamen Zeit wird mein Körper, den einst goldenes Geschmeide zierte und den man als König der gesamten Menschheit pries, eines Tages sterben. Dann wird er verrotten oder verbrannt werden. Vielleicht wird er auch ein Fraß für Würmer und Insekten oder verwandelt sich in den Kot eines Tieres."

Als Mucukunda diese Worte sprach, hatte er seinem weltlichen Königreich im Herzen bereits entsagt. Sein Wunsch nach Schlaf war nur ein Vorwand gewesen, um sich in die Höhle zurückzuziehen. In Wirklichkeit wollte er Freiheit vom materiellen Dasein erlangen. Krishna erkannte Mucukundas innigste Wünsche und segnete ihn: „Mein lieber König, mögest du immer an mich denken und dadurch die materielle Welt mit Leichtigkeit hinter dir lassen! In deinem nächsten Leben wirst du als großer Brahmane geboren werden und dich ausschließlich in meinem liebevollen Dienst beschäftigen. So wirst du deine spirituelle Entwicklung zur Vollendung bringen."

* * *

Während wir den Berg hinabsteigen, denke ich darüber nach, wie Mucukunda seine Verstrickung ins materielle Leben aufgab. In seinen Gebeten beschrieb er sich demütig als einen Sklaven seiner materiellen Sinne. Weil er sich selbst im rechten Licht sah, gelang es ihm, die Fessel der Wünsche zu durchtrennen und für den Rest seines irdischen Daseins ein spirituelles Leben zu führen.

Als ich beim Abstieg wieder an der Höhle vorbeikomme,

die ich mir zuvor zum Spaß als meine mietfreie Einsiedelei ausgesucht habe, kreist ein Lied von Konstantin Wecker durch meinen Geist:

> Und dann liegt da dieser Zettel
> zwischen deinen Wertpapiern:
> Heute nehm ich mir das Leben,
> um es nie mehr zu verliern!
> Kann auch ohne eure Titel
> und Verträge überstehn,
> Hab die Schnauze voll von Zielen,
> will mich erst mal suchen gehn.

Ganz stark spüre ich einen Ruf aus dem Herzen: Was, wenn du alles stehen und liegen lässt? Was, wenn du dir wirklich „dein Leben nimmst, um es nie mehr zu verliern", und hier oben ganz neu anfängst? Hast du Vertrauen in den Schutz des Herrn? Hast du genug Mut? Glaubst du an Ramacandras Worte im *Ramayana:* „Wer sich einmal mit Entschlossenheit mir hingibt, indem er sagt: ‚Mein lieber Herr, von diesem Tage an bin ich Dein', dem werde ich die nötige Kraft zu diesem Schritt verleihen, und er wird in Sicherheit sein. Dies ist mein Versprechen."

Abends sprechen wir über unsere Eindrücke und darüber, wie wichtig es ist, das falsche materielle Ego aufzugeben, um wirklich loslassen zu können. Ich erzähle die Geschichte von Lala Babu, die mir selbst viel Antrieb auf meinem Weg gegeben hat.

8

Lala Babu

Herr, gib uns die Gelassenheit zu akzeptieren,
was wir nicht zu verändern vermögen,
den Mut, Dinge, die wir verändern können, zu verändern,
und die Weisheit, dies zu unterscheiden.
(Reinhold Niebuhr)

Wir stehen vor einem Dilemma: Obwohl wir von ewiger Natur sind, bindet uns ein Knoten an die Illusion: der Knoten des falschen Egos, durch den wir uns, um es psychologisch auszudrücken, mit bestimmten Denkmustern identifizieren. Die philosophische Sicht ist, dass wir eine falsche Identität annehmen, die zwanghaft wird und sich um ihrer selbst willen erhält. Unsere materiellen Konzeptionen beschäftigen uns so stark, dass wir unsere spirituelle Identität vollständig vergessen und glauben, wir seien identisch mit diesem vergänglichen Körper, er sei unser Ein und Alles. Dies nennt man das falsche Ego, im Gegensatz zum echten Ego, der Erkenntnis unserer ewigen Natur als spirituelle Seele. Weil wir unsere ureigene Natur vergessen haben, erfahren wir unser beschränktes Dasein in dieser Welt.

Lala Babus Leben zeigt uns, wie ein Mensch diesen Knoten des falschen Egos mit dem Schwert des Wissens durchtrennt und sich wieder erinnert. Sein Beispiel soll unsere Sehnsucht wecken, uns bewusst machen, was wir vergessen haben. Es kann uns helfen, die Fessel ans materielle Dasein zu durchtrennen.

Seine Geschichte führt uns ins Kalkutta des 18. Jahrhunderts. Es ist Frühling, die Bäume am Ufer der Ganga stehen in voller Blütenpracht. Durch diese idyllische Landschaft lässt sich der unermesslich reiche Lala Babu von vier starken Dienern in einer Sänfte tragen. Genüsslich zieht er an der Huka, der Haschischpfeife in seinem Mund. Seine Augen sind nach dem langen Tag müde, aber sein Gemüt wird von der unterhaltsamen Musikkapelle aufgeheitert, die vor seiner Sänfte spielt und ihm das Geleit für seinen Rausch gibt.

Lala Babu ist einer der wohlhabendsten Männer in der Geschichte Kalkuttas. Noch heute kennt man dort seinen Namen. Er ist der aristokratische Besitzer eines gewaltigen Anwesens. Schon sein Großvater war sehr reich gewesen, und all dessen Besitztümer waren ihm vererbt worden.

Er zieht also genüsslich an seiner Huka, betrachtet voller Freude die Tanzmädchen und hört die Musik, die in gewagten Eskapaden die Tonskalen auf- und niederjagt. Lala Babu ist überzeugt, das Leben in vollen Zügen zu genießen. Er hat auch allen Grund dazu, denn nach der materiellen Vorstellung von Glück hat er alles erreicht, was man sich vorstellen kann.

Plötzlich hört er am Ufer der Ganga zwei schicksalhafte Worte, die sein Leben verändern sollen: „*Bella holo* – Lass uns nach Hause gehen, es wird spät!" Lala Babu schaut interessiert, woher diese Worte kommen. Er sieht ein armselig gekleidetes Fischermädchen, das seinen schlafenden Vater an der Schulter rüttelt. In der Tat wird es bald dunkel werden, die Brisen werden kühler, und die beiden haben wohl noch einen langen Weg zurückzulegen. Deswegen sagt sie: „Es wird spät, lass uns zurückgehen." Doch als Lala Babu diese beiden Sätze hört, findet eine Explosion in seinem Herzen statt – nicht eine, die durch Dynamit gelegt ist, sondern eine, die von Erkenntnis herrührt. Und wie ein bekritzeltes Papier durch eine Explosion zerfetzt wird, so zerreißt die ganze Szene vor seinem inneren Auge, und er sieht sein unvermeidliches Ende. Er sieht auch, dass er bis jetzt sein Leben mit zeitweiligen Dingen vergeudet hat. Visionsartig erkennt er, dass es Zeit für ihn ist, sich auf den spirituellen Pfad zu machen.

Nun mögt ihr denken: „Er hat zu viel Cannabis geraucht, der Arme. Warum sollte er ein derartiges Leben aufgeben?" Doch Lala Babu war in seiner Jugend schon einmal mit den Fragen nach einem höheren Ziel konfrontiert worden. Damals kam ein Mann in sein Landgut und klagte ihm sein Leid: „Ich bin so arm, dass ich in äußerste Bedrängnis geraten bin. Ich möchte eine Hochzeit für meine Tochter feiern, doch fehlen mir die nötigen Mittel." Lala Babu gab ihm reichlich, denn trotz seines extravaganten Lebensstils war er ein gütiger Mensch. Jeder Bettler, der sich an ihn wandte, bekam alles, was er zum Leben brauchte.

An diesem Tag jedoch rügte ihn sein Vater: „Lala, du bist zu verschwenderisch! Es ist nicht gut, dass du Geld weggibst, das dir nicht gehört. Du solltest für das arbeiten, was du spenden willst." Diese Worte trafen Lala Babu. Er fasste den Entschluss, nie wieder von dem Reichtum seines Vaters zu nehmen, sondern sein Erbe aufzugeben, wie etwas Unwesentliches, was man nicht mehr braucht. In der gleichen Nacht verließ er das Anwesen seines Vaters und verschwand ungesehen.

Unterwegs traf er Heilige und war beeindruckt, mit wie wenig Besitz sie lebten. Für den Rest seines Lebens sollte er sich an die Begegnung mit ihnen erinnern. Sie ermahnten ihn: „Du musst für dein spirituelles Wohlergehen, für dein inneres Wachstum arbeiten, sonst ist dein Leben umsonst und nichtig." Sie erklärten ihm, dass er ewig sei und durch dieses Leben nur hindurchschreite, so wie ein Reisender auf seinem Weg eine Ortschaft durchwandert. Seine Reise führe entweder zu einem anderen materiellen Körper, der aufs Neue geboren und aufs Neue sterben müsse, oder auf den Weg zurück in die ewige spirituelle Welt.

Obwohl er diese Belehrungen bereitwillig aufnahm, zog er nach Orissa und wandte sich dem Handel zu. Denn beim Abschied von seinem Elternhaus hatte er sich fest vorgenommen, aus eigener Kraft reich zu werden, sodass er nie mehr etwas nehmen müsse, was ihm nicht gehört. So knüpfte er Geschäftsbeziehungen von der East India Company bis zum Gouverneur. Innerhalb kurzer Zeit häufte er ein großes Vermögen an, das ins Unermessliche wuchs, als er nach dem Tod des Vaters auch noch dessen Anwesen und Besitztümer übernahm. Doch trotz seines immensen Reichtums verlor er niemals die Sicht für das Ewige. Schon in Orissa hörte er jeden Abend aus den heiligen Schriften über Krishna und begann mit dem Chanten der heiligen Namen Gottes.

Er ist also innerlich auf diese beiden eigentlich alltäglichen Sätze vorbereitet, die er an der Ganga hört: „Es wird spät, lass uns zurückgehen!" Auf einen Schlag wird ihm wieder bewusst, was er einst von den Sadhus hörte. Etwas, was er über viele Jahre kultiviert und genährt hat, durch das Chanten und Hören über Krishna, kommt in ihm zur Blüte. Es ist sein spirituelles Verständnis. Lala Babu erkennt mit einem Schlag, dass es spät für ihn wird, dass seine Lebenszeit zu Ende geht, dass er sein Leben in eitlem Prunk und Rausch vergeudet.

Mit großer Entschlossenheit springt er von der Sänfte und schickt die Musiker heim. Auch die Sänftenträger verabschiedet er: „Dahin, wo ich jetzt gehe, muss ich mich selbst tragen." Zu Fuß kehrt er heim, schreibt einen Abschiedsbrief an seine Frau und die erwachsenen Kinder und geht, ohne etwas mitzunehmen, nach Vrindavan, dem heiligen Ort, der eineinhalb Tausend Kilometer entfernt am Ufer der Yamuna liegt.

In Vrindavan lebt Lala Babu ganz zurückgezogen. Er hat einen Knoten zu lösen, den Knoten im Herzen. Bevor man sich Krishna ergeben kann, muss man lernen, den Knoten des falschen Egos zu durchschlagen – nicht durch theoretisches Wissen, sondern durch praktisches Tun. Lala Babu übt sich darin, indem er sein ganzes Leben von Grund auf ändert und in Vrindavan demütig und bescheiden wie ein Bettler lebt. Dadurch lernt er, seine Vorstellung von „dies ist mein" aufzugeben: Er hat nichts mehr, von dem er sagen könnte: „Dies ist mein Besitz, mein Anwesen, mein Reichtum."

Nach einiger Zeit erscheint ihm Krishna im Traum und bittet ihn, einen Tempel zu errichten. So kehrt Lala Babu nach Kalkutta zurück und löst sein Anwesen auf. Einen Teil des Erlöses hinterlässt er seiner Familie, den anderen Teil nimmt er mit nach Vrindavan, um drei Vorhaben auszuführen. Zunächst kauft er Land und baut darauf eine Unterkunft für durchreisende Sadhus, Menschen, die sich dem spirituellen Leben verpflichtet haben. Dann lässt er eine Freiküche errichten, in der geweihte Speise an all jene verteilt wird, die dem spirituellem Leben nachgehen und deswegen keine Zeit haben, sich um weltliche Angelegenheiten zu kümmern. Als Drittes baut er einen wunderschönen großen Tempel für Krishna. Noch heute ist der Tempel von Lala Babu zu sehen, ein Meisterstück indischer Architektur, eingebettet in eine großzügige Gartenanlage.

Von einem Großteil seines verbleibenden Geldes kauft Lala Babu Land in Vrindavan und verpachtet es. Bis zum heutigen Tag geht dieser Pachtzins an die Tempelstiftung, welche die Aufgabe hat, die Sadhus zu verköstigen. Jeden Tag gibt die Freiküche im Tempel tausend kostenlose Mahlzeiten aus.

Lala Babu lebt weiterhin ganz entsagt von Almosen und nimmt nichts von seinem Reichtum für sich selbst. Alles fließt in den Bau des Tempels und die Fürsorge der Sadhus. Eines Tages erscheint ihm Krishna erneut im Traum: „Lala, ich möchte, dass du mir einen zweiten Tempel baust."

„Aber womit soll ich diesen Tempel bauen?", fragt Lala Babu. „Ich habe doch all mein Geld ausgegeben!"

„Mein lieber Lala, der Tempel, den du jetzt für mich errichten sollst, kann weder mit Geld noch mit Steinen erbaut werden. Es ist der Tempel im Herzen. Dazu musst du ein Fundament bauen, ein Fundament der Demut."

Dann unterweist Krishna ihn, wie er dieses Fundament errichten kann. Seine Worte sind auch in der *Bhagavad-Gita* festgehalten. Sie sind die höchste Unterweisung im spirituellen Leben: „Denke immer an mich, weihe dein Leben mir, verehre mich und bringe mir deine Ehrerbietung dar. Auf diese Weise wirst du zu mir kommen."

Als Lala Babu am nächsten Morgen erwacht, ist seine Entscheidung im Herzen unwiderruflich: Er wird dieser Unterweisung für den Rest seines Lebens folgen und dadurch sein falsches Ego überwinden und seine spirituelle Identität wiedererlangen. Doch ihm ist bewusst, dass er von einem spirituellen Meister lernen muss. So sucht er Krishna Dasa auf, den er als eine große Seele und einen fortgeschrittenen Transzendentalisten erfahren hat, und bittet ihn um Einweihung in den Pfad des Bhakti-Yoga und um Führung in seiner spirituellen Praxis. Doch Krishna Dasa lehnt ab: „Du bist noch nicht soweit. Wenn es für dich Zeit ist, von mir zu lernen, werde ich auf dich zukommen. Bis dahin such mich nicht mehr auf!"

Damit Lala Babu sich auf seine Schülerschaft vorbereiten kann, gibt Krishna Dasa ihm drei Unterweisungen. Die erste lautet, dass er sich unaufhörlich ins Chanten der heiligen Namen vertiefen solle. Dann sagt er: „Gib die Vorstellung auf, du seiest ein reicher Mann, der seinem Besitz entsagt hat. Du bist ohne Besitz in diese Welt gekommen, und eines Tages wirst du sie auch wieder mit leeren Händen verlassen müssen – warum hältst du dich also für einen Besitzer oder Entsagenden?" Und seine dritte Unterweisung lautet: „Hör auf, die Menschen in Freunde und Feinde einzuteilen."

Wie tief diese Worte Lala Babu im Herzen treffen! Zwar

hat er der Welt entsagt, aber nicht der Vorstellung, ein bedeutender und berühmter Mann zu sein. Er lebt jetzt als berühmter Asket. Auch muss Lala Babu zugeben, dass er immer noch die Menschen in den Kategorien von Freund und Feind sieht. Besonders einen Menschen mag er überhaupt nicht: Seth, ebenfalls ein wohlhabender Mann, hat in Vrindavan den Ranganath-Tempel errichtet, der Sadhus, Pilger und Mönche verköstigt. Mit ihm hat Lala Babu viele Streitigkeiten wegen Landbesitz ausgetragen. Doch warum soll er Seth deshalb als seinen Feind ansehen? Weder ihm noch Seth gehört etwas in dieser Welt, worüber sie verfeindet sein könnten.

So begibt er sich eines Tages zum Ranganath-Tempel. Obwohl er genauso ärmlich gekleidet ist wie die anderen Pilger, hebt er sich mit seiner schönen, aristokratischen Erscheinung so auffallend von ihnen ab, dass der Tempelwächter ihn sogleich zu Seth führt. Als dieser seinen einstigen Gegner wie einen Bettler vor sich sieht, fragt er bewegt: „Was kann ich für dich tun?"

„Ich möchte dich um ein Almosen bitten", sagt Lala Babu, „und dich um Verzeihung bitten, dass ich einen so tiefen Groll gegen dich hegte, der durch Eifersucht und Neid begründet war."

„Warum bittest du noch darum? Ich habe dir doch schon lange verziehen. Außerdem warst du im Recht: Es war tatsächlich dein Land, das ich an mich nehmen wollte."

„Ich sage das", erwidert Lala Babu, „weil ich keinen Stein auf den anderen legen kann."

Etwas verständnislos blickt ihn Seth an: „Was meinst du damit: Ich kann keinen Stein auf den anderen legen?" Lala

Babus Antwort bewegt ihn sehr: „Ich kann den Tempel im Herzen nicht bauen, solange ich noch Feinde in dieser Welt sehe."

Darauf lässt Seth einen großen Teller, gefüllt mit Gold und vielen Diamanten, bringen und übergibt ihn seinem früheren Kontrahenten. „Das verstehe ich nicht," ruft Lala Babu erstaunt aus, „du gibst mir kein Almosen, sondern ein Geschenk, das eines Kaisers würdig ist!"

„Du bist ein Kaiser", ruft Seth aus, „und ein Eroberer. Denn du hast deinen größten Feind besiegt: dein falsches Ego, das dich Freunde und Feinde hat sehen lassen. Und du hast mein Herz erobert. Ich war dein Feind, persönlich und vor Gericht, doch nun kommst du in Demut zu mir. Für mich bist du ein Kaiser und mein Herr in jeder Hinsicht. Dieses Geschenk ist das Mindeste, was dir geben kann. Ich danke dir, denn ich habe viel von dir gelernt!"

Eine der verheerendsten Schwächen, die wir im bedingten und illusionierten Leben besitzen, ist die Sicht von Freund und Feind. Wenn uns ein Mensch in irgendeiner Weise übertrifft, so begegnen wir ihm voller Missgunst. Dieser oft unbewusste Neid auf das Glück und den Erfolg anderer ist es, der uns von uns selbst, dem ewigen spirituellen Lebewesen, und von Gott, unserem Ursprung, trennt. Wer andere Lebewesen noch immer als Freunde und Feinde und nicht als Teile Krishnas sieht, der kann den Herrn nicht in seinem Herzen empfangen.

Als Lala Babu den Ranganath-Tempel verlässt, sieht er Krishna Dasa, der überglücklich auf ihn zueilt und ausruft: „Nun bist du qualifiziert für die Einweihung!"

Krishna Dasas Unterweisungen haben es Lala Babu ermöglicht, sein falsches Ego zu überwinden und selbst seinem ehemaligen Feind wohlgesinnt gegenüberzutreten. Dadurch hat er die Eignung erlangt, Schüler eines spirituellen Meisters zu werden. Ein echter spiritueller Meister steht direkt mit dem Herrn im Herzen in Verbindung und wird von ihm geführt. Aus diesem Grund wusste Krishna Dasa von Lala Babus Wandlung und seinem Besuch bei Seth, und so eilte er herbei, um seinen Schüler in den Pfad des spirituellen Lebens einzuweihen.

Zu jenem Zeitpunkt ist Lala Babu etwa fünfundvierzig Jahre alt und gilt bereits als ein erleuchteter Weiser. Im Alter zieht er sich, der Tradition folgend, von den Menschen zurück und sucht sich eine Höhle am Govardhan. Dieser Hügel gilt als der heiligste Ort in Vrindavan. Dort chantet er den ganzen Tag das Hare-Krishna-Maha-Mantra. Noch heute findet man am Govardhan-Hügel Sadhus mit einem ähnlichen Tagesablauf. Sie stehen um zwei Uhr morgens auf und chanten zwölf Stunden lang das Hare-Krishna-Mantra. Danach empfangen sie Gäste und beantworten deren spirituelle Fragen, um ihnen zu helfen, Hindernisse aus ihrem Leben zu räumen. Erst gegen sieben Uhr abends kümmern sie sich um ihr Essen. Sie nehmen jedoch nichts von vorbeigehenden Passanten oder Pilgern an, sondern gehen bettelnd zu sieben Häusern. Das nennt sich Madhukari. Madhu heißt „Honigbiene", und Madhukari bedeutet, dass man das Verhalten der Biene nachahmt, die von Blume zu Blume fliegt und von jeder Blüte ein wenig Pollen nimmt. In ähnlicher Weise gehen die Sadhus als demütige Bettler von Haus zu Haus und lassen sich ein wenig geben, doch niemals alles, was sie für den Tag brauchen. Was immer sie bekommen, nehmen sie an, und wenn sie nichts bekommen, gehen sie gleichmütig heim und fasten. So leben sie bescheiden und abhängig von der Barmherzigkeit Krishnas, der ihnen durch die Menschen, die sie aufsuchen, hilft, den Knoten des falschen Egos zu zerschlagen.

Mit diesem Verständnis geht auch Lala Babu jeden Abend in Vrindavan umher und bittet um Almosen: „Ich bin ein Mönch auf der Lebensstufe der Entsagung. Bitte gebt mir etwas zu essen, denn noch habe ich einen Körper, den ich ernähren muss."

Eines Tages sucht ihn der Priester eines Tempels im Nachbarort auf: „Mein lieber Lala Babu, bitte geh heute nicht auf Madhukari, denn am Abend werde ich dir einen Teller mit Speisen bringen, die wir Krishna geweiht haben." So bleibt Lala Babu an diesem Abend in seiner Höhle und wartet auf den Priester. Doch bei Sonnenuntergang setzt ein grausiger Regen ein, der alles in eine Schlammwüste verwandelt und die Wege unpassierbar macht. Voller Sorgen liegt der Priester wach und macht sich Vorwürfe, weil Lala Babu seinetwegen fasten muss. Er beschließt, so lange aufzubleiben, bis der Regen nachlässt, und dann loszugehen, ganz gleich, wie spät es wird. Endlich, gegen zwei Uhr, bricht der Mond durch die Wolken, und die Wassermassen auf den Wegen versiegen. Doch als der Priester in die Küche geht, ist der Teller mit den vorbereiteten Speisen verschwunden. Verwirrt richtet er einen neuen Teller her und eilt zur Höhle Lala Babus. Der fragt ihn erstaunt: „Warum willst du mich erneut speisen? Ein Sadhu isst niemals zweimal am Tag, das weißt du doch!"

„Wie meinst du das, erneut speisen?", wundert sich der

Priester. „Ich konnte doch gar nicht zu dir kommen, weil es so stark regnete."

„Schau", sagt Lala Babu, „da ist der Teller, den du mir gebracht hast."

Der Priester erstarrt vor Erstaunen. Schließlich sagt er: „Wer immer dir den Teller brachte, ich war es nicht. Ich konnte keinen Fuß vor die Tür setzen."

„Aber du warst es!", ruft Lala Babu aus. „Ich kenne doch dein Gesicht, deine Gestalt, deine Stimme!" Doch dann wird er nachdenklich: „Jetzt, wo du vor mir stehst, fällt mir auf, dass du vorhin eine besondere Ausstrahlung hattest. Ich fühlte mich sehr glückselig in deiner Gegenwart."

Da schaut ihn der Priester bedeutungsvoll an, und Lala Babu versteht. Bestürzt ruft er: „Ich Unglückseliger! Nach all den Jahren des Rufens kommt Krishna, mein angebeteter Herr, zu mir, und ich erkenne ihn nicht!"

Krishna erklärt in der *Bhagavad-Gita:* „Wer mich mit ganzer Hingabe verehrt und über meine transzendentale Gestalt meditiert, dem gebe ich alles, was er braucht, und ihm erhalte ich, was er hat."

So ist der Herr persönlich gekommen, um seinen geliebten Diener zu speisen.

Lala Babu entsagte dem materiellen Leben, nachdem er jene Sätze an der Ganga gehört hatte. Aber dies war nur der erste Schritt, die äußere Entsagung. Erst als er tatsächlich einen höheren Geschmack in der Begegnung mit Krishna erfuhr, wurde es ihm möglich, auch innerlich zu entsagen. Auch die Affen im Wald scheinen sehr entsagt zu sein: Sie tragen ja nicht einmal Kleidung und leben nur von dem, was ihnen die Natur gibt. Doch ihre Entsagung ist nur äußerlich, denn sie denken die ganze Zeit nur an die Mehrung ihrer sinnlichen Freude.

Veränderungen in seinem Leben vorzunehmen ist ein wichtiger Schritt. Doch worauf es eigentlich ankommt, ist eine innere Loslösung von weltlichen Dingen. Sie ist in dem Augenblick einfach und natürlich, in dem es uns gelingt, einen höheren, spirituellen Geschmack zu entwickeln. Diese Einsicht ist Lala Babus spirituelles Vermächtnis an uns.

9

Loslassen lernen

Die unglücklichsten Menschen sind die,
die Veränderungen am meisten fürchten.
(Mignon McLaughlin)

Ein letztes Mal stehe ich vor Badrinath, diesmal mit einer langen Gebetsliste. Ungefähr zweihundert meiner Schüler und Freunde haben mich ersucht, für sie zu beten: um mehr Entschlossenheit; die Kraft, nein zu sagen; die Fähigkeit, Wesentliches von Unwesentlichem zu trennen; Liebe zu Krishna zu entwickeln; Segnungen für die Kinder; Segnungen für die Eltern; die Erfüllung eines Herzenswunsches; mehr Sicherheit; die Sicht, Krishnas Führung hinter allem zu erkennen … Für mich bete ich zu Badrinath um die Kraft loszulassen.

Der Abschied fällt allen schwer.

Schon nach kurzer Zeit blockiert ein Bergrutsch unseren Weg. Wir steigen aus und gehen so nah wie möglich heran. Es sieht katastrophal aus! Räumungsfahrzeuge können nicht eingesetzt werden, weil der Berg gleich wieder nachrutschen würde und so die Straße vielleicht für den Rest der Saison blockiert wäre.

Wir sehen den Arbeitern zu, wie sie mit Steinen Erde vom Berghang wegschaufeln. Manchmal kratzen sie auch mit langen Bambusstangen den Berg ab – ganz vorsichtig, wie auf Zehenspitzen, um den Berg nicht aufzuwecken, der mit vernichtender Wucht über sie herfallen und sie unter sich begraben könnte. Hin und wieder rutscht ein weiteres Stück vom Berg ab, worauf die Arbeiter schnell weglaufen, um von den herabrollenden Steinen nicht erschlagen zu werden. Eine ganz gefährliche Angelegenheit!

Mittlerweile hat sich eine lange Schlange wartender Fahrzeuge gebildet. Aus einem Bus klettern zwei europäisch aussehende Hippies heraus. Ich frage sie, was sie in Badrinath gesucht haben. *„Oh, we came to see the hot springs."*

„That' s all?" frage ich.

*„Yeah, they were very hot! Why did you guys come up into this no man's land?"**

Einen Augenblick lang will ich anfangen, über den Weg des großen Abschieds zu sprechen, über das Loslassen, über Gotteserkenntnis, über die Sehnsucht der Seele, aber dann sage ich nur: *„We came for spiritual reasons."*** Vielleicht ist es das Beste, nicht zu viel zu sagen, sondern zunächst über das Geschehene nachzudenken.

Inzwischen hat Hari einen Felsvorsprung gefunden, unter dem er trotz des Nieselregens Khichari, den traditionel-

* „Wir kamen, um die heißen Quellen zu sehen." – „Nur deswegen?" – „Ja, sie waren sehr heiß! Und warum kamt ihr in dieses Niemandsland hoch?"

** „Wir kamen aus spirituellen Gründen."

len Eintopf aus Reis und Linsen, kochen kann. Beim Essen überdenken wir unsere Lage. Hier zu warten, bis die Straße wieder frei ist, kann uns eine ganze Woche kosten. Bald sehen wir immer mehr Pilger, die nach kurzem Abschätzen der Situation die Straße verlassen und mit ihren Bündeln über den Berg klettern. Wir beschließen, ihrem Beispiel zu folgen, nur die wichtigsten Dinge zusammenzupacken und ebenfalls den Weg über den Berg zu versuchen.

Während ich meine Tasche packe und zwischen Wesentlichem und Unwesentlichem unterscheide, merke ich, wie wenig man eigentlich zum Leben braucht. Vieles, was uns im Alltag unersetzlich erscheint, offenbart sich in solchen Situationen als entbehrlicher Ballast. Wir finden auch einige Kulis. Woher sie kommen und wie sie erfahren, wann sie gebraucht werden, ist eines der Geheimnisse eines Pilgerortes.

Der Weg ist schmal, manchmal nur schulterbreit, aber er ist ausgetreten und im Grunde gut begehbar. Doch es nieselt, und wiederholt rutsche ich aus. Auch von der anderen Seite kommen uns Kulis entgegen. Sie tragen Gepäck und alte Menschen, die noch einmal vor dem Sterben Badrinath sehen möchten.

Ich singe die ganze Zeit die heiligen Namen. Manchmal fühle ich mich vor Schwäche und Schwindel kurz vor dem Abstürzen. Doch der heilige Name macht mein Bewusstsein stetig. So habe ich mir eine Pilgerreise vorgestellt: den Begriff „Abhängigkeit" neu zu definieren.

Einmal kommt uns ein ganz dünner Kuli entgegen, der mit wiegendem Schritt einen Korb wie einen Rucksack auf der Schulter trägt. Als ich ihm Platz mache, schaue ich in den

Korb. Darin kauert ein alter Greis, der mich zuerst sehr angestrengt, aber dann mit immer entspannteren und schließlich glücklichen Gesichtszügen anschaut. Kein Zweifel, er ist im Begriff zu sterben. Ich schaue ihm nach und sehe, wie sein Kopf den Weg hinuntertanzt. Kurz vor der nächsten Weggabelung ist sein Kopf im Korb versunken. Er hat den Körper verlassen. Ich rufe dem Kuli nach: *„Mrityu, mrityu!"* (Tod, Tod!) Er setzt den Korb ab und schaut nach. Dann blickt er mich mit einem Blick an, der ausdrückt, dass ihm dies schon oft geschehen sei. Er faltet die Hände, schließt die Augen und ruft mit leiser Stimme: *„Badrinath ki jaya!"* Er drückt die Augen des Alten zu, schwingt sich den Korb wieder auf die Schultern und setzt seinen Weg fort.

Was ist der Tod schon? Ein Augenblick, ein lange vorherbestimmter Augenblick, nicht mehr. Wir selbst und alle Beteiligten spielen lediglich die Rolle in einem Drama, das ein anderer bereits lange zuvor geschrieben hat. Szenen, wie ich sie jetzt gerade erfahre, drängen mich immer wieder zu der Frage: Ist der Tod wirklich so schockierend und furchteinflößend, wie wir ihn im Westen sehen? „Platte Reifen am Auto namens Körper – ständige Reparaturen" scherzte ein Yogi einmal, um dann ernster fortzufahren: „Wer kein Wissen über den Tod hat, denkt an das Sterben mit Panik und Traurigkeit. Doch wer den eigentlichen Kern des Sterbens erkannt hat, der weiß, dass der Tod ein tiefes Wunder ist – eine Erfahrung von Frieden und Freiheit."

„Wenn du dich von Körper und Geist löst", erfahren wir im Tibetischen Totenbuch, „wirst du das Aufleuchten deiner wahren Natur erkennen, die feinstofflich ist, aber glorreich und von gleißendem Licht erfüllt."

Der Weg des großen Abschieds, überlege ich mir: dieses Motto meiner Pilgerreise bedeutet letzten Endes, sich dem eigenen Tod mit Zuversicht zu stellen. Solange wir diesem großen Abschied nicht mit Wissen von der Ewigkeit der Seele begegnen, werden wir niemals die vielen kleinen Lebensängste überwinden, die aus der einen großen Angst vor dem Sterben hervorgehen. Der Tod ist die große Prüfung des Lebens. Das, worauf die Gedanken im Augenblick des Sterbens gerichtet sind, formt unser nächstes Dasein.

Wie man sich richtig auf den Tod vorbereitet, ist das große Leitmotiv im *Shrimad Bhagavatam,* der wichtigsten heiligen Schrift in meiner spirituellen Tradition. Es kreist um die Geschichte des Königs Parikshit, der erfährt, dass er in sieben Tagen sterben wird. Sein Umgang mit dem bevorstehenden Tod bildet den Rahmen einer der vielschichtigsten und tiefgründigsten philosophischen Abhandlungen der Menschheit. So beispielhaft zeigt seine Geschichte, worauf es im spirituellen Leben ankommt.

Als König Parikshit von dem Fluch erfährt, der ihm nur noch sieben Tage seines Lebens lässt, sammelt er seine vertrauten Freunde um sich und zieht mit ihnen fort aus seinem Königreich. Gemeinsam mit vielen Sadhus sucht er einen heiligen Ort auf und lässt sich dort nieder, um sich auf das Verlassen seines Körpers vorzubereiten.

Sein Leben lang hat der König nur einen Wunsch verfolgt: Er will Gott erfahren. Einst im Mutterleib ist Gott persönlich erschienen, um ihn vor einer großen Gefahr zu beschützen. Seitdem sucht er Gott überall. Sein Name Parikshit bedeutet „der Suchende". Weder sein Reichtum noch seine Macht und Beliebtheit im Volk haben ihn je von seinem Herzenswunsch ablenken können. Tag für Tag hat er über Gott meditiert und zu ihm gebetet. Als er nun von seinem bevorstehenden Tod erfährt, lamentiert er nicht über die Grausamkeit des Schicksals, sondern bereitet sich frohen Herzens darauf vor.

„Der Tod möge kommen, wann immer seine Zeit da ist", sagt er den Weisen, die ihn umringen, „ich bin bereit. Mein einziger Wunsch ist, dass ihr den Ruhm Gottes besingt und nicht aufhört zu singen."

„Wir werden mit dir sein", erwidern die Sadhus erfreut. Sie verstehen, dass es keinen Grund zur Klage gibt, wenn eine auf Gott gerichtete Seele den Körper verlässt: Sie wird zu Gott gehen. Gleichzeitig sind sie über den bevorstehenden Verlust einer so wunderbaren Person betrübt. Beide Gefühle haben nebeneinander Platz in ihren weiten Herzen.

So begleiten die Weisen den König in seinen letzten Stunden, indem sie sich um ihn versammeln und singen und beten. Sieben Tage lang sitzt Parikshit in ihrer Mitte und vertieft seinen Geist in das Hören über den Herrn. Er isst und trinkt nichts, doch die Schmerzen und die Auszehrung in seinem Körper berühren ihn nicht: Er beobachtet sie nur, sieht sich als verschieden von seinem Körper, und im Beobachten liegt kein Schmerz. „Eure Musik und eure Gebete sind meine Nahrung", sagt er den Weisen. „Bitte fahrt einfach nur fort!"

Im Grunde ist der König bereits von dieser Welt befreit, obwohl er noch in einem materiellen Körper weilt. Keine weltlichen Pläne kreuzen seine Gedanken, kein Genuss lockt seine Sinne, keine Zweifel plagen sein Herz. Er fühlt weder Furcht noch Zorn. Während er dem Singen von Gottes Namen lauscht, gibt er die Elemente, aus denen sein Körper besteht, an ihren Ursprung zurück: Erde zu Erde, Wasser zu Wasser, Feuer zu Feuer, Luft zu Luft. Zu dem vorherbestimmten Zeitpunkt erstarrt alle Bewegung, Schweigen erfüllt den Raum, und im Beisein der Heiligen verlässt seine Seele den Körper.

Der König hat das Ziel seiner Reise erreicht. Gott hat ihn persönlich zu sich geholt. Alle materiellen Geräusche verstummen in diesem Moment. Doch das Schweigen ist nicht leer: Es ist erfüllt von spiritueller Klangschwingung. Symphonien ertönen, gespielt von den harmonischen Akkorden jubilierender Herzen, und sie preisen Gottes höheren Plan und die Weisheit seines Wirkens. Ein Chor göttlicher Stimmen heißt die befreite Seele willkommen. Dieses überwältigende Orchester des Schweigens besänftigt den Trennungsschmerz derer, die zurückbleiben.

Die Nachricht über das Verscheiden des Königs verbreitet sich. Das Land wird erschüttert von Klagen und Sorge, denn der König ist bei allen beliebt gewesen. Doch rasch steigt aus der Asche der Trauer eine leuchtende, freudvolle Flamme der Feier auf: Eine große Seele ist zurückgekehrt.

* * *

Als wir nach zwei Stunden auf der anderen Seite des Bergrutsches ankommen, vermissen wir unseren Pandit. Obwohl er als Erster losging, ist er noch nicht eingetroffen. Schon vorgestern, bei unserem Ausflug zu den Vasudhara-Wasserfällen, hatte er sich öfter hinsetzen müssen, und in der Nacht klagte er über starke Herzbeschwerden. Die westliche Medizin von Dr. Aurelius verschlimmerte die Symptome sogar. Die Menschen hierzulande sind nicht so grobstofflich gebaut wie wir Westländer. Ich hoffe, dass unser Gönner und Wohltäter bald wieder auftaucht. Doch dann drängt sich das Motto der Pilgerreise in mein Bewusstsein: Loslassen!

Einmal wurde ich bei einem Vortrag gefragt: „Was genau müssen wir eigentlich loslassen?" Mit dem Bild des Sterbenden vor Augen, würde ich heute antworten: „Zu einem gewissen Zeitpunkt alles."

Unser Wunsch, Bedürfnisse und Mitmenschen, Wünsche und Dinge festhalten zu wollen, ist letztlich nur Illusion, genährt vom falschen Ego. Am Ende wird uns alles genommen. Doch Loslassen kann ein freudiger Vorgang sein, wenn wir erkennen, dass Krishna für alles einen Plan hat. Im freiwilligen Loslassen liegt eine universale Kraft, weil man sich nicht mehr gegen die Vorsehung des Höchsten sträubt, sondern ein Teil von ihr wird. Es ist ein physischer, intellektueller, emotionaler und vor allem spiritueller Vorgang. Es ist eine lebensnotwendige Kunst.

Doch wo ist Pandit? Keiner in unserer Gruppe hat ihn gesehen, auch nicht die vereinzelt ankommenden Nachzügler. Doch dann sehen wir ihn hinter einer Bergkuppe hervorkommen. Er muss einen ganz anderen Weg genommen haben. Ernst kommt er den steilen Weg herunter. Ob er wohl auch über das Loslassen nachdenkt?

Erleichtert winkt Atmananda unsere Gruppe zu sich. Er hat einen Jeep gefunden, dessen Fahrer bereit ist, uns zur nächsten Station zu fahren, nach Joshimath. Ich erinnere mich: Wenn das Handgelenk der Nrisimhadeva-Altargestalt bricht, stürzen die Berge ein und versperren für immer den

Weg nach Badrinath. Wir haben einen kleinen Vorgeschmack davon erhalten.

Durch die Empfehlung der Priester von Badrinath bekommen wir Zimmer in der Herberge, in der sie selbst die Wintermonate verbringen. Sie ist wirklich sehr komfortabel und liegt direkt oberhalb der Tempel von Nrisimha und Vasudeva. Bei Nrisimhadeva bedanke ich mich, dass wir Badrinath ohne größere Schwierigkeiten besuchen durften. Dann gehe ich zum Vasudeva-Tempel und chante die heiligen Namen. Irgendetwas ist geschehen, seit ich von Badrinath zurückgekehrt bin: Mir fällt das Chanten viel leichter. Ich erinnere mich daran, dass der heilige Name sich besonders denen offenbart, die mit einfacher Freude im Herzen und einem Gefühl des Vertrauens und der Dankbarkeit chanten. Solches Chanten läutert und stärkt das Bewusstsein und erweckt allmählich reine spirituelle Emotionen. Ich chante vor Vasudeva, bis es dunkel wird und nur noch seine Augen wie zwei Sterne leuchten: jenseits von Raum und Zeit, aber trotzdem ganz nahe.

10

Nrisimha und Shankara

Nur das Wirkliche verändert sich nie.
(Shankara)

Noch vor der Morgendämmerung brechen wir zum Tempel Nrisimhadevas auf. Unser Pandit hat es ermöglicht, dass wir der Badezeremonie der Altargestalt beiwohnen dürfen. Das Baden des Herrn gilt als eine der heiligsten Zeremonien in der Verehrung Gottes, und wir fühlen uns außerordentlich gesegnet, daran teilnehmen zu dürfen. Zur Einstimmung lese ich aus Prahladas Gebeten zu Nrisimhadeva, die im *Shrimad Bhagavatam* überliefert sind:

> Obwohl du der allmächtige höchste Herr bist, unüberwindlich in deiner Größe und Herrlichkeit, zeigst du dich uns, den gefallenen Seelen, gütig und wohlgesinnt. O mein Herr, ich fürchte mich sehr vor den Lebensumständen in dieser Welt. Wann wird der

Tag kommen, an dem du mich zu dir rufst und mir Schutz gewährst?

Du hast diese Welt erschaffen, und du beherrschst sie in jeder Hinsicht. Die unüberwindliche Zeit hat keinen Einfluss auf dich, denn sie ist die Energie, durch die du in dieser Welt wirkst. Ich hingegen werde fortlaufend von dem Rad der Zeit zermalmt. Weil ich dies verstehe, ergebe ich mich dir. Bitte gewähre mir deinen Schutz.

Im Gegensatz zu den gewöhnlichen Lebewesen unterscheidest du nicht zwischen Freund und Feind. In dir gibt es keine Auffassung von „höher" und „niedriger". Daher beurteilst du die Taten der Lebewesen nicht als gut oder schlecht. Dennoch segnest du deine Verehrer in dem Maße, wie sie dir dienen und sich dir mit ihren Wünschen nähern. Daher ergebe ich mich dir und bete um deinen Schutz.

Mein lieber Herr, deine Stellung ist immer transzendental zu dieser Welt. Du befindest dich jenseits des Flusses des Todes. Wir hingegen sind in diesen schrecklichen Fluss gestürzt und leiden unter den Folgen unserer endlosen Geburten und Tode. Bitte segne uns mit deinem gütigen Blick und befreie uns aus unserer erbärmlichen Lage. Bitte erhalte uns und gewähre uns deinen Schutz.

Große Heilige wie Prahlada beten selten nur um ihren eigenen Nutzen. Ihr eigentliches Anliegen ist es, anderen Menschen zu helfen, ihre missliche Lage zu erkennen und zu Gott zurückzufinden. Auch Prahladas Gebete wenden sich in diese Richtung und erhalten dadurch eine Größe und Schönheit, die mich immer wieder tief berührt:

> O beste aller großen Persönlichkeiten, im Grunde fürchte ich mich nicht vor dem Dasein in dieser Welt. Denn wo immer ich bin, da vertiefe ich mich in Gedanken an deine ruhmreichen Taten. So bin ich stets beschützt. Meine Sorge gilt vielmehr den einfältigen Toren, deren Horizont nicht über den Erhalt von Familie, Gesellschaft und Nation hinausgeht und die ständig nur planen, wie sie materielles Glück erlangen können. Meine Liebe und meine Gebete gelten einzig ihnen.
>
> Die meisten heiligen Menschen, denen ich begegne, sind nur an ihrer eigenen Erhebung interessiert. Sie meiden die Städte und Dörfer und ziehen sich in den Himalaya oder in die Wälder zurück, wo sie meditieren und Schweigegelübde auf sich nehmen. Sie sorgen sich nicht um die Errettung anderer. Ich hingegen möchte nicht alleine befreit werden und diese armen Toren und Narren zurücklassen, denn ich weiß, dass niemand wahrhaft glücklich sein kann, ohne bei dir Zuflucht zu suchen. Daher möchte ich alle Menschen zu dir führen.

Wir sitzen in einem Nebenraum und schauen dem Priester gebannt zu. Jede seiner Bewegungen zeugt von jahrelanger Vertiefung in seine Verehrung. Sie ist ein Teil seines Wesens geworden. Die einzelnen Handgriffe , die Gesten, die Badezeremonie selbst, alles verläuft nach einem Ritual, das seit eh und je genau in dieser Form stattfindet. Und unentwegt chantet er Mantras.

Ich habe noch nie zuvor eine so ausdrucksstark geformte Altargestalt gesehen. Es heißt, kein Künstler habe sie aus dem Stein gemeißelt: sie habe sich selbst aus dem Stein heraus manifestiert. Nrisimhadevas Kopf ist länglich und schmal, seine Schultern sind breit, die Brust ist stark und die Taille schmal. Er sitzt im Yogasitz mit geöffneten Handflächen, seine wunderschönen Hände auf den Knien ruhend.

Nur sein linkes Handgelenk überrascht und schockiert. Es ist ganz dünn – so dünn wie eine Nadel! Der Priester versichert uns, dass es tatsächlich jedes Jahr dünner wird. Wenn es eines Tages bricht, dann … Er deutet auf die beiden Berge, die nach der alten Vorhersage zusammenbrechen und das Alakananda-Ganga-Tal für immer versperren werden, sodass Badrinath nicht mehr besucht werden kann.

* * *

Gegen Mitternacht taucht unser Jeep auf mystische Weise in Joshimath auf, und wir nehmen unser restliches Gepäck wieder an uns. Wir hatten uns auf eine lange Wartezeit eingestellt, doch in einem Land voller Wunder gewöhnt man sich das Wundern schnell ab.

Um neun Uhr morgens beschließen wir, nach Tapovan zu fahren, einem wunderschönen Gebirgstal, in dem sich von alters her Weise versammeln. Unterwegs sehen wir einen Berg, der wie geköpft aussieht. Anstelle einer Bergspitze hat er eine ebenmäßige Fläche, die an einen Landeplatz für Außerirdische erinnert. Doch Halbgötter sind auf solche Landeplätze nicht angewiesen, sie können sich ohne mechanische Flugkörper bewegen. Selbst Yogis können ihren Körper an einem Ort entmaterialisieren und dann Tausende von Kilometern entfernt wieder aus dem Nichts auftauchen. Dieser Ort ist ein Versammlungsort für Yogis und Mystiker und war es in vergangenen Zeiten sogar für Halbgötter.

Wir fahren weiter zu einer heißen, schwefelhaltigen Heilquelle. Ganz dicht gehen wir an das blubbernde Wasser heran. Der Pandit erklärt, dass die Yogis hier ihr Gemüse kochen und im Winter – wenn einer mal erkältet ist – heißes Wasser für Umschläge und Tee nehmen. Krishna hat seine Yogis nicht allein gelassen.

Plötzlich braust ein Lastwagen an uns vorbei, dann ein zweiter, ein dritter. Die Lastwagen sind mit Menschentrauben beladen, die laut Slogans rufen. Dann werden wir von Frauen umringt, die Spruchbänder tragen. Ich frage den Pandit, was das alles zu bedeuten hat, und er antwortet, dass in einem dieser Dörfer die Bürgermeisterwahl bevorsteht. Diese Frauen gehören einer Frauenorganisation an, die gegen einen bestimmten Bürgermeister demonstriert. In kaum einem anderen Land findet man Profanes und Spirituelles so eng miteinander verknüpft wie in Indien.

Wir fahren weiter. Schon bald bittet der Pandit den Jeepfahrer anzuhalten, und wir steigen aus. Er zeigt zur brausenden Ganga hinunter und sagt: „Dort am Ufer führe ich mit meinen Schülern alljährlich eine große Zeremonie durch."

Wir reisen immer tiefer in das Gebirgstal hinein, bis wir zu einer Quelle kommen. Dr. Aurelius und ich beschließen, ein Bad zu nehmen. Doch das Wasser ist viel zu heiß. So folgen wir den Rinnsalen, die das überfließende Wasser gebildet hat, um weiter unten einen geeigneten Platz zum Baden zu finden. Das schwefelhaltige Wasser hat die Erde mit einem milchglasähnlichen Überzug bedeckt. Ich gehe voraus, Dr. Aurelius hinterher. Plötzlich höre ich einen Aufschrei, und als ich erschreckt zurückschaue, sehe ich, wie Dr. Aurelius kopfüber in einem für mich nicht sichtbaren Abgrund verschwindet. Entsetzt laufe ich nach oben und rutsche immer wieder auf dem glitschigen Bodenüberzug aus. Aus meiner Perspektive sah es aus, als wäre er ins Tal gestürzt. Doch zum Glück finde ich ihn am Hang liegen. Es scheint, als hätten ihn unsichtbare Hände in Sicherheit gebracht. Er ist noch bewusstlos, kommt aber bald zu sich. Sein Bauch ist von blutigen Schrammen überzogen, denn er ist nach dem Aufprall noch weiter abgerutscht. Auch sein Genick schmerzt, weil er mit dem Kopf gegen einen Stein geprallt ist. Doch sonst ist ihm nichts geschehen. Nur der Schreck sitzt ihm in den Knochen.

„Was ist das Leben doch für ein Mysterium!", denke ich, während ich am Boden sitze. „Es bewegt sich immer am Abgrund des Todes entlang – manchmal sehr nahe." Ich denke an meinen eigenen Tod, der mich ständig begleitet. Ist es nicht seltsam, wie man von einer Sekunde zur nächsten alles zurücklassen muss? Dies lehrt uns der Tod. Er ist die stärkste Erinnerung an die Vergänglichkeit unseres irdischen Daseins.

Vor einigen Jahren schrieb mir ein achtzigjähriger Freund kurz vor seinem Tod die folgenden Zeilen: „Leben bedeutet, immer wieder loszulassen von Anhaftungen, bis schließlich das letzte große Loslassen geschieht, das Loslassen vom Leben selber."

Für jemanden, der es gelernt hat loszulassen, ist der Tod kein Problem. Für andere ist er der größte Schrecken, denn er vernichtet alle Illusionen mit einem Schlag.

Dr. Aurelius verarbeitet den Unfall gut. Er ist dabei, aus dem Erlebnis einen bleibenden Nutzen zu ziehen. Gemeinsam sinnieren wir über einen Satz von Sören Kierkegaard: „Will sich also deine Betrachtung der mannigfachen Wege des Lebens verwirren, so geh hinaus zu den Toten, bei denen alle Wege zusammenlaufen, da wird der Überblick leicht.“

* * *

Als wir wieder in unserer Herberge in Joshimath sind, blicke ich von der Veranda zum Nrisimhadeva-Tempel hinüber. Atmananda steht im Innenhof und winkt mir zu. Ach ja, der Priester hat uns beide zum Prasadam eingeladen!

Wir werden vom Priester empfangen und in seine Räume geführt. Sie sind nur schulterhoch, damit man sie auch im Winter möglichst warm halten kann. Wir setzen uns auf den Lehmboden und werden mit Safranreis gespeist. Am Ende des Mahls frage ich den Priester – Atmananda übersetzt für mich –, warum das Handgelenk von Nrisimhadeva jedes Jahr dünner wird. Der Priester zögert, unsicher, ob er mir das Geheimnis verraten soll, doch dann erzählt er:

Diese Altargestalt ist die Schutzgottheit des großen Weisen Shankara. Shankara hat schon mit sieben Jahren die Lebensstufe der Entsagung angenommen, und als Jugendlicher ist er kreuz und quer durch Indien gereist, um die verschiedenen philosophischen Schulen für seine Lehre zu gewinnen. Dies geschah in Streitgesprächen auf der Grundlage der heiligen Schriften. Bei solchen Disputen war es Gesetz, dass der Unterlegene entweder der Schüler des Siegers werden oder aber sich das Leben nehmen musste.

Shankara war unbesiegbar. Auf seinem Siegeszug kam er auch nach Benares, wo er den Vertreter einer großen philosophischen Schule zum Gelehrtenstreit herausforderte. Der Opponent war den Argumenten Shankaras nicht gewachsen und gestand seine Niederlage ein. Doch gerade als er sich dem Gelehrten hingeben wollte, hielt ihn seine Frau zurück. Sie sagte zu Shankara: „Halt! Um meinen Mann vollständig zu besiegen, musst du erst gegen mich antreten, denn ich bin die Hälfte meines Gatten." Shankara war überrascht. Konnte es sein, dass die Frau ihrem Mann an Gelehrsamkeit überlegen war? So fragte er, auf welcher Grundlage sie sich mit ihm messen wolle, und sie antwortete: „Lass uns über das *Kamasutra* debattieren!"

Das *Kamasutra* beschreibt in großer Detailfülle, auf welche Weise Mann und Frau ihrem geschlechtlichen Beisammensein lang anhaltende Freuden abgewinnen können. Es ist eine umfangreiche vedische Wissenschaft, die sich mit vielen Details, wie Positionen, Nahrungsmitteln und psychologischer Hilfestellung auseinandersetzt. Mit diesem Werk war Shankara, der sein ganzes Leben in sexueller Enthaltsamkeit gelebt hatte, überfordert. Da das *Kamasutra* jedoch eine vedische Schrift ist, musste er diese Herausforderung annehmen. Wie allerdings sollte er ohne geschlechtliche Erfahrung das Streitgespräch gewinnen können?

Plötzlich formte sich eine Idee in seinem Geist, und er erbat sich einen Monat Vorbereitungszeit. Die Frau wusste, dass Shankara durch ein lebenslanges Gelübde an sexuelle Enthaltsamkeit gebunden war und die Vorbereitungszeit nicht nutzen konnte, um das *Kamasutra* praktisch zu erfahren. Daher willigte sie zuversichtlich ein.

Shankara unterrichtete seine Schüler: „Ich werde meinen physischen Körper vorübergehend verlassen, um in einen anderen einzugehen. Ich muss das Wissen des *Kamasutra* sowohl theoretisch studieren als auch praktisch üben. Bitte beschützt meinen Körper während dieses Monats, sodass niemand von ihm Besitz ergreifen kann. Sollte ich nicht rechtzeitig zurück sein, so müsst ihr mir versprechen, meinen Körper dem Feuer zu übergeben, bevor jemand versucht, ihn in seinen Besitz zu nehmen und für seine Zwecke zu missbrauchen." Seine Schüler waren äußerst besorgt, doch als sie sahen, wie ernst es ihrem spirituellen Meister war, erklärten sie sich einverstanden.

So verließ Shankara seinen physischen Körper, der nun ständig von vier Schülern bewacht wurde. Aufgrund seiner mystischen Fähigkeiten wusste Shankara von einem König, der soeben gestorben war und in einem Trauerzug zum Kremationsplatz getragen wurde. Dieser Körper war für sein Vorhaben geradezu ideal. Wie sehr wohl die Trauernden staunten, als sich der tote König plötzlich auf der Bahre aufrichtete und sich die Augen rieb?! Die Nachricht verbreitete sich schnell im Königreich: Der König war auf geheimnisvolle Weise von den Toten zurückgekehrt!

Ohne Zeit zu vergeuden, ging Shankara in die königlichen Gemächer, studierte das *Kamasutra* und sammelte reichlich Erfahrungen mit den Königinnen, die äußerst erfreut waren, ihren Mann wieder für das Liebesspiel zurückzuhaben.

Drei Wochen lang ging alles gut, doch dann schöpfte

der weiseste unter den Ministern Verdacht. An der Art und Weise, wie sein König sich bewegte, wie er sprach und wie er Entscheidungen traf, konnte er erkennen, dass dies eine andere, höchst ehrbare Person sein musste. Dies gefiel dem Minister, denn er diente einem solchen König viel lieber. Da auch er im Wissen um Mystisches bewandert war, mutmaßte er, dass jemand in den Körper des Königs eingedrungen war, nachdem er seinen eigenen Leib abgelegt hatte. Er ahnte, dass dies ein Heiliger sein müsse, der Erfahrungen sammeln wollte, die ihm in seinem Körper versagt blieben.

So beschloss der Minister, dem Heiligen die Rückkehr in seinen ursprünglichen Körper unmöglich zu machen. Dazu musste er dessen echten Leib finden und auf besondere Weise präparieren. Er schickte Suchmannschaften aus. Schon bald drangen die Soldaten in den Wald ein, in dem die Schüler Shankaras den Auftrag ihres Meisters erfüllten. Als sie von der Absicht der heranrückenden Soldaten hörten, errichteten sie schnell einen Scheiterhaufen. Mit Tränen in den Augen entfachten sie das Feuer und legten den Körper ihres geliebten spirituellen Meisters darauf.

Shankara spürte, dass seine Zeit als König abgelaufen war. Unheil lag in der Luft. Mitten im Gespräch mit einer seiner Königinnen verließ er den ausgeliehenen Körper, der sogleich leblos in sich zusammensackte.

Die Schüler bemerkten, wie in den Leib Shankaras Leben zurückkehrte. Eilig halfen sie ihm, vom Scheiterhaufen zu springen. Sein Körper war noch unversehrt. Nur – und die Augen des Priesters weiten sich – sein Handgelenk war von den Flammen des Scheiterhaufens fast vollständig verzehrt worden!

Shankara ging daraufhin zu der Frau des unterlegenen Gelehrten. Er konnte so überzeugend über das *Kamasutra* sprechen, dass sie sich nach kurzer Zeit geschlagen gab. Gemeinsam wurden Mann und Frau nun Schüler Shankaras, der seinen Sieg mit einem versengten Handgelenk zahlen musste.

Bald darauf erschien ihm seine Schutzgottheit, Nrisimhadeva, und sagte: „Shankara, es ist schlecht, mit Mängeln behaftet zu sein, wenn man andere überzeugen will. Deswegen habe ich mich entschlossen, dein Brandmal auf mich zu nehmen – als eines meiner transzendentalen Spiele. Auf meinem Altar in Joshimath, wo du mich verehrst, werde ich diese Wunde mit Stolz tragen. Mein Handgelenk wird jedoch von Tag zu Tag dünner werden. Wenn es eines Tages bricht, werden die Berge den Zugang durch das Tal versperren, und Badrinath wird nicht mehr für Pilger zugänglich sein."

Wir sind so sehr in die Geschichte vertieft, dass wir die verstreichende Zeit vergessen. Plötzlich werden wir durch lautes Reden aus dem Innenhof des Tempels aufgeschreckt. Zwei Brahmanen mit großen Tilak-Zeichen auf der Stirn, durch die sie ihre religiöse Zugehörigkeit zeigen, sind in eine heftige Diskussion vertieft. Sie sprechen auf Sanskrit, und es klingt genau wie ein Streitgespräch aus der Zeit Shankaras. Wir lächeln dankbar für diese anschauliche Untermalung der Geschichte.

* * *

Später, auf der Fahrt nach Rudraprayag, erzählt uns Atmananda mehr über Shankara: Er wurde ungefähr im

Jahr 788 in einem kleinen Dorf in Südindien geboren. Im Alter von zehn Jahren war er schon ein viel beachtetes Wunderkind, denn er hatte alle Schriften gelesen und konnte sie wörtlich zitieren. Zu den meisten von ihnen hatte er Kommentare geschrieben, die so brillant waren, dass die berühmtesten Gelehrten aus allen Teilen des Landes kamen, um seine Interpretationen zu hören. Sein Vater starb, als er noch jung war. So erkannte er die Vergänglichkeit der materiellen Welt und beschloss, dem materiellen Leben zu entsagen.

Shankara war ein Einzelkind, der einzige Trost seiner verwitweten Mutter, und sie wollte nicht, dass er die Lebensstufe der Entsagung annahm und sein Zuhause verließ. Doch der Junge hatte eine größere Mission. Er wollte seine Landsleute, die sich mehrheitlich den Lehren Buddhas zugewandt hatten, wieder zu den Veden zurückführen. Dazu forderte er immer wieder Gelehrte zu philosophischen Disputen heraus. Dies war damals das übliche Mittel, um Anhänger zu gewinnen.

In den Lebensstand der Entsagung eintreten konnte Shankara jedoch nur mit Einwilligung seiner Mutter. Also dachte er sich eine List aus. Eines Morgens ging er mit ihr an den Fluss zum Baden. Plötzlich sah die entsetzte Mutter, wie ein Krokodil ihr Kind angriff. Der Schwanz des Reptils peitschte das bereits blutgefärbte Wasser auf. Mit schmerzverzerrtem Gesicht blickte der Junge zu seiner Mutter und rief: „Mutter, das Krokodil frisst mich, ich sterbe! Bitte erlaube mir, jetzt in das entsagte Leben zu treten!“ Außer sich vor Verzweiflung, rief die Mutter: „Natürlich, du darfst, doch was spielt das jetzt für eine Rolle – mein Junge, stirb nicht!“

Im nächsten Augenblick verschwand das Krokodil. Voller Erstaunen sah die Mutter, dass das Wasser klar war wie eh und je und Shankara unverwundet an Land stieg. War dies alles eine Illusion gewesen? Und wenn ja, wer hatte sie inszeniert? Die Antwort ist, dass die Worte eines Heiligen immer wahr werden. Jemand, der nie im Leben eine Lüge gesprochen hat, spricht Worte, die große Kraft haben. Als Shankara vom Krokodil sprach, war es kraft seiner Worte gegenwärtig. Shankaras Mutter musste sich damit abfinden, dass sie dem Wunsch ihres Sohnes nichts entgegenhalten konnte. Aber sie bat um eine Segnung: „Wenn du jetzt gehst, dann mach bitte, dass du trotzdem mit mir zusammen bist." Und Shankara willigte ein: „Mutter, wann immer du mich brauchst, denke an mich, und ich werde zu dir kommen."

Dieses Versprechen hielt Shankara. Als seine Mutter schließlich starb, rief sie ihn ein letztes Mal an ihr Todesbett. Und Shankara erschien vor ihr und half seiner Mutter hinüberzugehen.

Noch heute sind die außergewöhnlichen Kräfte Shankaras ein beliebter Erzählstoff, zum Beispiel sein Erinnerungsvermögen: Einmal ging ein wichtiges, unersetzliches Manuskript in einem Brand verloren. Doch Shankara, der es nur einmal gelesen hatte, konnte es Wort für Wort rezitieren und einem Schüler diktieren. Dieser Text wird noch heute studiert.

Oder Shankaras mystische Kräfte: Eines Tages stand er am Ufer eines Flusses und rief seinen Schüler Sananda, der sich am gegenüberliegenden Ufer befand, zu sich herüber. Der Monsunregen hatte den Fluss in ein reißendes, unpassierbares Ungeheuer verwandelt. Doch Sananda hatte unbegrenztes Vertrauen in seinen Guru und stieg furchtlos in die Fluten. Plötzlich sah er, wie sich vor ihm über der Wasserfläche Lotosblumen manifestierten. Er setzte Fuß um Fuß auf die Lotosblumen, die ihn sicher trugen. Von da an wurde er Padmapada, der Lotosfüßige, genannt.

Ein weiteres denkwürdiges Beispiel seiner übernatürlichen Fähigkeiten gab Shankara, als seine geliebte Mutter starb. Er kremierte ihren Körper mit einem himmlischen Feuer, das aus seinen nach oben gehaltenen Händen schoss.

Während wir an der ehrfurchtgebietenden Landschaft mit ihren vielen Bergbächen vorbeifahren, denke ich tief über das Gehörte nach. Auch Shankara ist den Weg des Abschieds gegangen. Sein Weg des Loslassens war die Lebensstufe der Entsagung. Auf Schritt und Tritt begegnet mir die Thematik des Loslassens, wie ein Thema in einer Komposition, das in immer wieder neuen Variationen erscheint.

Als wir nach einer beschwerlichen Fahrt schließlich in Rudraprayag ankommen, sehen wir ein wunderschönes indisches Mädchen auf der Straße stehen. Besorgt mustert sie jedes vorbeifahrende Auto. Als sie uns sieht, läuft sie uns weinend vor Glück entgegen. Unser Fahrer bremst, und Pandit ruft zärtlich den Namen seiner Tochter. Er ist länger von zu Hause weggeblieben als ursprünglich geplant. Wir verabschieden uns herzlich und danken ihm viele Male, denn er war uns ein wertvoller Führer und hat unsere Reise mit tiefen Einsichten und vielen ungewöhnlichen Erfahrungen bereichert. Während er mit seiner Tochter die Straße entlang und dann über die Hängebrücke geht, verspüre ich ein wenig Wehmut. Uns verlässt ein Mensch aus einer anderen

Welt, der zu uns geschickt wurde, um uns ein Stück weit auf dem Weg zu führen. Nun, da er seine Aufgabe erfüllt hat, kehrt er zurück, woher er gekommen ist. Als er am Ende der Brücke anlangt, dreht er sich noch einmal um und winkt. Dann verschwindet er im Dschungel.

11

Leben wie Ratten

Gott befindet sich nicht nur im Herzen des Menschen,
sondern auch im Herzen von Katzen und Hunden.
(Shrila Prabhupada)

In Rudraprayag teilt sich unsere Gruppe. Die einen ziehen einen etwas beschaulicheren Reisestil vor, wir anderen fühlen uns wie Schatzsucher im verheißenen Land: Wir möchten so viele „Nuggets" wie möglich mitnehmen, so viele heilige Orte besuchen, wie wir noch erreichen können. So trennen wir uns in gutem Einvernehmen. Atmananda und Bharata fahren nach Vrindavan, und Dr. Aurelius, Bala Gopala, Lakshmana und ich fahren weiter nach Kedarnath, einem der bedeutendsten Aufenthaltsorte Shivas im Himalaya.

Schon um sieben Uhr fahren wir los, denn der Weg ist weit. Auch hier ist die Straße sehr gefährlich. Oft müssen wir zwischen Felsbrocken hindurchmanövrieren, die vor kurzem auf die Straße gefallen sind – wenn uns ein solcher Brocken auf das Dach fallen würde … Einmal überholt uns ein

Pilgerbus mit der Aufschrift „*Panic Travels*". Solche Namen gibt es nur in Indien oder in avantgardistischen Filmen.

Nach anstrengender Fahrt kommen wir in einem kleinen Dorf an und mieten uns das „Himalaya Hotel", eine kleine Absteige mit vier Räumen. Völlig abgespannt lassen wir uns auf die Pritschen fallen. Manchmal frage ich mich, ob es nicht vielleicht weniger erschöpfend wäre zu wandern, als über diese Imitationen von Straßen zu fahren.

Plötzlich werde ich von lautem, belustigtem Geschrei geweckt. Die Haare stehen mir zu Berge, als ich aus dem Fenster schaue. Das ganze Dorf scheint um eine grüne Blechkiste versammelt zu sein. Jedes Mal, wenn der Besitzer sie öffnet, springt eine Ratte heraus und läuft verwirrt und verängstigt über den weiten Platz. Die Leute brüllen vor Begeisterung, und sechs oder sieben von ihnen laufen hinter der fliehenden Ratte her, um sie mit langen Knüppeln zu erschlagen. Ungefähr zehn Ratten liegen schon tot auf dem Boden. Die Meute will jedoch mehr Gewalt sehen, und das grausame Spiel geht weiter.

Am liebsten würde ich eingreifen, doch Bräuche sind unbeweglicher als die Himalayaberge. Dieser hier ist wohl ein Ventil für Aggressionen. Aber wie kann sich ein ganzes Dorf für eine solche Schandtat begeistern? Das Scheußliche scheint eine eigentümliche Faszination auszuüben – auch auf mich. Während ich zuschaue, fällt mir ein kleiner Junge auf, der gebannt das Geschehen beobachtet: heftig schreiende Männer, die der nächsten Ratte nachjagen, ihr einen Hieb versetzen, doch ohne sie gleich totzuschlagen. Das Tier läuft weiter, richtet sich kurz auf und wird dann von drei Seiten auf einmal totgeprügelt. Der Junge hat Tränen in den Augen, wendet sich ab, aber schaut dann doch wieder zu.

Erneut rast eine Ratte aus der grünen Kiste. Sie scheint von ihrem Schicksal zu wissen – vielleicht war sie in ihrem letzten Leben auch solch ein Unhold. Flink läuft sie auf einen der Stockbewehrten zu und beißt ihn ins Bein. Der Mann brüllt vor Schmerz auf, die anderen können nicht zuschlagen, sonst würden sie ihn verletzen. In der allgemeinen Verwirrung flieht die Ratte durch die Beine der Meute in die Freiheit. Gut gemacht!

Als ich mich angewidert losreiße, überlege ich, wie sehr wir doch diesen unglückseligen Geschöpfen gleichen. Eine winzige Zeitspanne ist es uns vergönnt, in dieser Welt tätig zu sein, und dann erschlägt uns der grausame Tod. Sind wir nicht alle wie zum Tod Verurteilte auf dem Weg zur Hinrichtung? Was hält uns davon ab, uns mit ganzer Kraft auf den spirituellen Weg zu begeben und so dem Tod endgültig zu entkommen? Da ist es wieder, das bekannte Thema.

Erst die Möglichkeit, heißt es, einen Traum zu verwirklichen, macht unser Leben lebenswert. Wenn wir etwas ganz fest wollen – sozusagen im Innersten der Seele –, dann wird das ganze Universum helfen, damit wir es erreichen. Zu Beginn unserer Suche gibt uns Gott ein Geschenk: den Enthusiasmus, der uns hilft, gewohnte Pfade zu verlassen und aufzubrechen. Auf dem Weg jedoch wird er unsere Entschlossenheit dreimal prüfen. Die erste Prüfung findet statt, wenn wir unsere Vision für unerreichbar halten und Zweifel uns zum Aufgeben drängen. Die zweite Prüfung steht an, wenn wir Vertrauen in die Vision gewonnen haben, aber dann plötzlich Angst vor ihrer Erfüllung bekommen – weil wir uns vor dem neuen, gänzlich unvertrauten Leben fürchten.

Schließlich, kurz vor der Erfüllung, kommt die Abschlussprüfung. Jede einzelne Lektion, die wir auf unserem Weg gelernt haben, wird noch einmal abgefragt, um sicherzustellen, dass wir das Gelernte verinnerlicht haben. Selbst von jenen, die alle bisherigen Prüfungen bestanden haben, geben die meisten an diesem Punkt auf, wie ein Schiffbrüchiger, der kurz vor dem rettenden Ufer untergeht, oder ein Bergsteiger, der den Gipfel vor Augen hat und dann abstürzt.

Diese letzte Prüfung kann bestehen, wer die kraftvolle Geheimsprache des Lebens gelernt hat. Es ist die Sprache der Begeisterung, des vollen Einsatzes, des unermüdlichen Strebens. In dieser Sprache lösen sich alle Selbstsucht und Selbstzweifel auf. Letztlich ist es die Sprache der Liebe – jene Kraft, die älter ist als der Mensch, die weit über ihn hinauswächst und zu Gott eilt. Jeder in der Welt versteht diese Sprache. Sie erweckt die Dinge zum Leben. Ich muss unwillkürlich an meinen kleinen Helden aus der grünen Kiste denken. Er hegte einen Traum. Er hat an die Freiheit geglaubt und die Kraft bekommen, sich gegen ein ganzes, mit Stöcken bewaffnetes Dorf durchzusetzen.

12

Shivas Höcker

Du magst alles Glück dieser Welt erlangt haben, doch selbst wenn du es mit hundert multiplizierst und dann erneut mit hundert – wieder und wieder –, wirst du nicht einmal einen Bruchteil des Glücks erahnen, das dir widerfährt, wenn du dich als Teil und Diener Gottes erkennst.
(Unterweisung des Gurus an seine Schüler am Ende ihrer Ausbildung)

Es gießt in Strömen, als wir aufstehen. Die Atmosphäre ist alles andere als ermutigend. Die anderen überlegen, ob wir den sechzehn Kilometer langen Aufstieg zu Fuß überhaupt wagen sollen. Doch ich bin fest entschlossen, Shiva zu sehen, und kündige an, auch ohne Begleitung zu wandern. Ich werde gefragt: Warum überhaupt diese Pilgerreise zu einem Shiva-Tempel? Wir verehren doch Krishna!

Am Vortag habe ich viel über Shivas einzigartige Stellung gelesen. Ich erzähle meinen Begleitern, dass selbst Krishna ihn rühmt: „Shiva, du bist mir so wertvoll wie mein eigener Körper. Jemand, der deine Gunst hat, ist mir sehr lieb. Du sollst der Beschützer und Erhalter meiner heiligen Orte sein. Jemand, der behauptet, er sei mein Verehrer, dich aber missachtet, gibt lediglich vor, mir ergeben zu sein."

Shiva handelt und denkt nur zur Freude Krishnas und

meditiert ständig über ihn. Dies macht ihn zum größten Diener Krishnas und zum spirituellen Meister aller Wesen. Von ihm geht eine eigene Lehrer-Schüler-Folge aus, deren spirituelle Meister alle die Herrlichkeit Krishnas preisen. Aufgrund seiner außergewöhnlichen Stellung und Macht hat Shiva fast alle Eigenschaften Krishnas. Deswegen besteht, theologisch gesehen, nur ein kleiner Unterschied zwischen ihnen beiden. Es wird das Beispiel gegeben, dass Krishna wie Milch ist und Shiva wie Joghurt, also umgewandelte Milch. Shiva ist eine Erweiterung Krishnas und hat einen sehr engen Bezug zu ihm.

Für mich ist Shiva allerdings aus einem anderen Grund von großer Wichtigkeit: Er ist der Herr über das falsche Ego und kann uns helfen, es zu überwinden. Oft wird das falsche Ego als eine giftige Schlange dargestellt. Shiva trägt Giftschlangen wie Schmuckstücke um den Hals und beide Oberarme. Sie sind friedlich. Warum um Hals und Oberarme? Unser falsches Ego manifestiert sich im stolz aufgerichteten Nacken und in unseren Armmuskeln. Der Nacken trägt den Kopf und steht deswegen für intellektuelle und geistige Kraft, und die Oberarme stehen für physische Kraft. Dies sind zwei Manifestationen von Stolz.

Die schwierigste Aufgabe im spirituellen Leben ist es, den Berg des falschen Egos zu überwinden, der schon seit unvordenklichen Zeiten zwischen uns und Krishna liegt. Dieser Berg besteht aus den beiden Granitsorten „Ich" und „Mein". Er ist hoch und zerklüftet. Selbst die erfolgreichsten Bergsteiger haben ihn meistens noch nicht einmal in Betracht gezogen. Dabei haben ihre Erfolge, Berge wie den Mount Everest zu bezwingen, das Gebirge des falschen Egos in ihrem eigenen Herzen nur noch größer und unbezwinglicher werden lassen.

Die Kunst des Loslassens wird einfach für jemanden, der denken kann: „Ich bin unbedeutend, und nichts ist mein." Nur wer in diesem Verständnis lebt, hat den Berg des falschen Egos erklettert. Dieses Hindernis kann man leichter überwinden, wenn man Zuflucht sucht bei Shiva, dem Herrn über das falsche Ego. Deshalb möchte ich auf keinen Fall die einzigartige Chance versäumen, Shiva in seinem Reich hier auf der Erde zu besuchen – jetzt, da mich nur wenige Kilometer davon trennen.

Schließlich werden die anderen von meiner Entschlossenheit angesteckt. Wir ziehen uns regenfeste Hosen und Jacken an, wecken unseren Jeepfahrer (der noch im Wagen schläft), und schon nach einer knappen halben Stunde sind wir unterwegs nach Gaurikund, wo die Straße endet.

Wir bitten den Fahrer, in Gaurikund auf uns zu warten. Bevor wir den beschwerlichen Aufstieg beginnen, kaufe ich mir einen Wanderstock mit eiserner Spitze. Ich ahne, dass ich ihn brauchen werde. Mittlerweile regnet es intensiv. Um meine Utensilien, die ich in einer Stofftasche bei mir habe, vor der Nässe zu schützen, besorge ich auch ein Regencape, in das ich alles einpacke.

Im Dorf treffen wir auf viele Pilger, die unschlüssig scheinen, ob sie den Aufstieg wagen sollen. Dann geht es an vielen hundert Maultieren vorbei, die unter einem Bergvorsprung vor dem Regen Schutz suchen. Einige Pilger mieten sich ein solches Maultier, aber wir wollen zu Fuß gehen. Die Maultierschlange reißt nicht ab; für einen halben Kilometer gehen wir an ihnen vorbei. Es sind viele Pilger unterwegs.

Ich bin erstaunt, dass sie trotz unserer Regenhosen die Pilger in uns erkennen und begeistert grüßen.

Wir vereinbaren, dass jeder für sich läuft, und nach kurzer Zeit bin ich alleine. Allmählich wird der schmale Steinpfad zu einem Flussbett, bis mir schließlich ein brauner Bach entgegenfließt – braun vom Kot der Maultiere. Das Wetter wird nebliger, die Sicht mindert sich. Es ist kalt. Immer wieder werde ich von Pilgern überholt, die verbissen auf ihren Maultieren sitzen.

Trotz der Regenjacke bin ich bald bis auf die Haut durchnässt. Die Anstrengung lässt mich stark schwitzen, und meine Regenjacke ist anscheinend nicht so atmungsaktiv, wie es die Reklame versprach. Der Schweiß durchnässt die Kleidungstücke, und ich beginne in der kalten Luft zu frieren.

Während ich weitermarschiere – glücklich, den Wanderstock zu haben, der mich häufig vor dem Ausrutschen bewahrt –, höre ich plötzlich ein unheimliches Grollen. Leute kommen mir aus dem Nebel entgegengestolpert. Sie schreien: *„Parvat! Parvat!"* (Berg). Da sehe ich, wie direkt vor mir Bergmassen abrutschen – gerade noch rechtzeitig kann ich umkehren und den anderen nacheilen.

Viele Pilger verlieren den Mut und kehren um. Doch ich spüre ein inneres Rufen: „Geh weiter, und du wirst einen großen Segen empfangen. Diese Pilgerreise ist eine innere Reise. Du musst den Berg überwinden – den Berg des falschen Egos in deinem Herzen!"

So kämpfe ich mich das gerade erst abgerutschte Bergstück empor. Mehrere Male gleite ich aus. Einige Maultiere kehren um und kommen mir auf dem kaum fußbreiten Pfad entgegen. Jedes Mal muss ich ausweichen, sie sind hier die „Könige der Straße“. Hoffentlich stürze ich nicht ab!

Es sind zwar nur sechzehn Kilometer, doch der Aufstieg scheint mir endlos, wahrscheinlich wegen der Nebel- und Regenwand, die mich die ganze Zeit begleitet.

Endlich sehe ich eine Brücke aus dem Nebel auftauchen, die über einen reißenden Bergbach führt – und dann stehe ich vor dem steinernen Tempel von Kedarnath! Ich fühle mich müde und erschöpft.

Als ich die Brücke hinter mir lasse und in das Reich von Kedarnath eintrete, geschieht etwas, was ich nur so schildern kann: Ich verspüre einen intensiven Impuls, gleich einem elektrischen Schlag, und mit ihm verschwinden alle Müdigkeit und aller Muskelschmerz. Mit schnellen Schritten eile ich auf den Tempel zu. Doch halt! Ich kann doch nicht so verdreckt vor Shiva treten!

Der Tempel ist nach Süden ausgerichtet. Hinter ihm ragt ein hoher, schneebedeckter Berg empor. An einem Fels hinter dem Tempel entdecke ich eine leerstehende Hütte. Schnell hinein und die völlig durchweichten Kleider auswringen! Zum Glück habe ich noch einen trockenen Pullover dabei, den ich statt des Hemdes anziehe. Dann kommt der Dhoti, der dank des Regencapes Marke „India“ leider bis zur Hälfte nass ist.

Um mich auch innerlich vorzubereiten, setze ich mich vor die Hütte unter das Regendach und lese laut die *Shiva-Gita.* Shivas Präsenz ist deutlich zu spüren.

Doch dann kommt eine harte Probe: Wie durch einen Spuk bin ich urplötzlich von schulterhohen Hunden umringt, die wie die Huskies der Eskimos aussehen. Ich sehe ihre Attacken – ob sie nun aus Fleisch und Blut sind oder eine Vision – als Angriffe des Egos an. Bin ich entschlossen, mich zur Wehr zu setzen, oder werde ich gleich aufgeben? Knurrend und zähnefletschend schießen sie auf mich los. Durch Krishnas Gnade spüre ich, dass dies Shivas letzter Test ist: Er hat auch Hunde in seinem Gefolge. Ich versuche sie zu ignorieren und chante weiter mit angstzitternder Stimme die *Shiva-Gita*. So schnell, wie die Hunde gekommen sind, verschwinden sie wieder.

Als ich mit dem Lesen fertig bin, gehe ich zum Tempel. Meine durchgeschwitzten Sachen und die Wanderschuhe gebe ich bei einem Händler ab.

Es heißt, dass der ursprüngliche Tempel von Kedarnath von den Pandavas gebaut wurde. Ihre Geschichte wird im *Mahabharata* erzählt. Dort wird auch die gewaltige Schlacht von Kurukshetra beschrieben, deren Auslöser die Pandavas waren. Am Ende der Schlacht fühlten sich die Pandavas schuldig, dass ihretwegen so viele Menschen gestorben waren. Sie wollten Shiva aufsuchen, um Buße zu tun und ihn zu bitten, die Last des Karmas von ihnen zu nehmen, das sie in diesem grässlichen Kampf auf sich genommen hatten.

Die Pandavas erwarteten, Shiva in Varanasi anzutreffen. Doch der Halbgott war sich über das Ausmaß ihres Karmas wohl bewusst und verspürte wenig Neigung dafür, sich damit zu belasten. So entwich er in die Berge des Himalaya. Erst nach geraumer Zeit fanden ihn die Pandavas an einem versteckten Ort, wo er sich in der Gestalt eines Brahmanen verbarg. Wieder floh Shiva, diesmal in der Form eines Bullen. Bhima erkannte ihn jedoch in seiner mystischen Verkleidung und packte den Bullen beim Schwanz. Das gewaltige Tier ergab sich aber nicht, sondern sank in den Boden. Verzweifelt weinten die Pandavas. Als Shiva ihre Entschlossenheit sah, war er sehr bewegt, und bevor der Höcker des Bullen in der Erde versank, gab er sich zu erkennen. Er erschien vor ihnen, pries ihre große Zielstrebigkeit und gewährte ihnen auch die gewünschte Segnung. Dann wies er sie an, ihn in Form des Höckers des Bullen zu verehren, der zu Stein geworden war. Die Pandavas waren überglücklich und bauten einen prächtigen Tempel über dem Höcker. Heute kennt die ganze Welt diese höckerartigen Steine, die in allen Größen als Shiva-Linga verehrt werden.

Der heutige Tempel wurde im neunten Jahrhundert von Shankara rekonstruiert. Er ist einer der wichtigsten Shiva-Tempel in ganz Indien, denn in ihm befindet sich eines der zwölf Lingas, die sich von selbst manifestiert haben.

Glücklich betrete ich den Tempel, der noch für eine Stunde geöffnet ist, bevor die vierstündige Mittagspause beginnt. Zuerst gelange ich in eine große steinerne Halle, in der uralte Altargestalten von Krishna und den fünf Pandavas stehen. Auch Steinreliefs von Draupadi, der Frau der Pandavas, und Kunti, ihrer Mutter, sehe ich. Vor dem Tempel, auf einem großen Steinsockel, ruht Shivas Bulle Nandi und schaut durch die Vorhalle hindurch in das Heiligtum hinein. Im Haupttempelraum steht das große Linga, ungefähr 150 cm lang, 120 cm breit und 90 cm hoch. Im Gegensatz zu den anderen Formen Shivas hat dieses Linga mehr das Aussehen einer unregelmäßig geformten Pyramide.

Im Tempelraum sehe ich Dr. Aurelius, der mit strahlenden Augen einen gewaltigen Teller mit den Utensilien zur Verehrung der Altargestalt hält. Ein Brahmane ist ihm zu Hilfe gekommen. Ich geselle mich sofort zu ihnen – zu meiner ersten Shiva-Puja. Der Brahmane leitet uns geduldig an, alle Mantras zu chanten, die Aratik durchzuführen und um Segnungen zu bitten. Am Ende erhalten wir vom Shiva-Linga die Brahmanenschnur Shivas, ein silbernes Blatt und einige andere Dinge, die dort gelegen haben.

Es ist schwer zu sagen, was während dieser Momente in mir vorgeht. Auf alle Fälle bete ich intensiv um Befreiung vom falschen Ego. Und wieder habe ich ein tiefes Erlebnis. Während ich mit etwa zehn Pilgern in dem uralten Tempel bin, hoch oben in den Himalayas, zu Füßen des gewaltigen Kedarnath-Berges, scheint es mir, als würde ich in einen Raum-Zeit-Tunnel eingesogen, einen Tunnel, durch den ich aus der Gegenwart in die Vergangenheit gezogen werde. Ich sehe Szenen aus dem europäischen Mittelalter; einen chinesischen Mandarin, der Felder inspiziert; einen Mann, der am Sterbebett seiner geliebten Frau zusammenbricht; Abgründe, über die ich fliege – als Vogel –, und Meere, in die ich eintauche, vielleicht als Delphin. In all diesen Szenen erkenne ich mich mit einem plötzlichen Gefühl der Vertrautheit wieder. Und mehr noch, ich sehe diese Verkörperungen als Kostüme an, die von der materiellen Natur über die ewige Seele gezogen werden, als Verkleidungen meines wahren Selbst, allesamt gewoben aus nur einem einzigen Stoff: dem Stoff des falschen Egos.

Ich sehe diesem Treiben zu wie ein Filmschauspieler, der sich selbst in einem Kino auf der Filmleinwand zuschaut. Er sieht auf der Leinwand sein Gesicht, das einmal glücklich strahlt, das andere Mal sich vor Schmerz verzieht. Durch die Lautsprecher hört er seine Stimme, die mal schallend auflacht, mal herzzerreißend schreit. Er ist zwar vom Film angesprochen, aber nicht wirklich ergriffen, denn er weiß, dass er eigentlich nichts damit zu tun hat: Es ist nur ein Schauspiel.

So ist es auch mit mir. Ursprünglich bin ich ein Bewohner der spirituellen Welt, ein ewiger Gefährte Krishnas. Doch weil ich mich von ihm abgewandt habe, bin ich in das illusorische materielle Dasein gekommen und habe hier nicht nur eine, sondern viele materielle Identitäten angenommen, so wie ein Schauspieler verschiedene Rollen annimmt. Unter dem Zwang des falschen Ego vergesse ich, dass ich nur Beobachter bin, und gehe ganz in meinen Rollen auf. In der mühsamen Evolution der Seele habe ich jetzt zwar die menschliche Lebensform erlangt, doch wie sehr wünsche ich mir, auch diese Rolle zu durchschauen und abzulegen! Wie sehr wünsche ich mir, vom falschen Ego, der Grundlage des materiellen Daseins, frei zu werden!

* * *

Als mein Bewusstsein wieder im Tempel ankommt, ist eine Stunde vergangen. Wir sind die Letzten. Dr. Aurelius schaut mich verwundert an – fast als würde er fragen, woher ich gerade komme –, sagt aber nichts. Auf unterschiedliche Art und Weise tief bewegt, gehen wir aus dem Tempel. Hinter uns fällt die dicke Tempeltür knarrend zu. Als Erinnerung halten wir in unseren Händen Shivas Brahmanenschnur, das silberne Blatt und die anderen Dinge, die uns der Priester gegeben hat. Draußen scheint die Sonne, die Wolken haben sich verzogen.

Glücklich gehe ich zum Händler, hole meine Utensilien ab, und ohne miteinander zu sprechen, verlassen wir Kedarnath. Immer wieder schauen wir uns um und sehen in der Ferne den schneebedeckten Berg leuchten.

Der Abstieg geht völlig problemlos vonstatten. Die Sonne scheint, als wäre immer strahlendes Wetter gewesen. Sie enthüllt uns die Schönheit des Himalaya, die uns beim Aufstieg verborgen geblieben ist. Kristallklares Wasser sprudelt in den Bergflüssen, links und rechts wachsen uns unbekannte Kräuter. Als wir zu einer kleinen Bergschutzhütte kommen, stärken wir uns mit Nüssen, die es dort zu kaufen gibt. Wir kommen auch an einem Verehrer Ramas vorbei, der sich eine kleine Hütte gebaut hat. Auf dem Hinweg habe ich ihn nur durch den Nebel gehört, ohne ihn ausfindig machen zu können. Jetzt aber sehe ich den Alten mit grauem Haar, wie er unablässig die Herrlichkeiten Ramas aus dem Ramayana vorträgt. Seine Zuhörerschaft besteht nur aus einer Person: Rama selbst.

Einmal steige ich übermütig auf ein Maultier, das bergab geht. Doch mein Übermut scheint das Tier anzustecken – plötzlich fängt es an, auf einem Stein zu tänzeln. Unter uns geht es bestimmt siebenhundert Meter senkrecht in die Tiefe! In Panik klammere ich mich fest. Als wir wieder auf sicherem Boden stehen, springe ich schnell ab. Es scheint mir, als grinse mich das Tier spöttisch an. Das war eine Gratwanderung im wahrsten Sinn des Wortes!

Es ist fast Nacht, als wir schließlich in Gaurikund ankommen. Trotzdem möchte ich noch die heiße Schwefelquelle sehen, für die der Ort bekannt ist. Gaurikund ist der Ort, wo Parvati, die Frau Shivas, geboren wurde und jahrhundertelang Entsagung auf sich nahm, um Shivas Gunst zu erlangen und ihn zu heiraten. Ich überrede Dr. Aurelius dazu, mit mir die Schwefelquelle zu suchen, und so fragen wir uns durch: *„Snana? Snana? Snana?"* (Bad). Die Leute dirigieren uns widerwillig, wie mir scheint. In der Dunkelheit sieht alles so gespenstisch aus, als ob wir durch die Unterwelt gingen. Aus hohen Holzhäusern blicken uns zahnlose Alte an. Plötzlich kommt uns ein Schweinerudel entgegen, dem wir nur mit knapper Not ausweichen können. Die Gässchen zwischen den Holzhäusern werden schmaler und schmaler. Eigentümliche Gestalten mit Tüchern um den Kopf wanken uns entgegen – viele Anhänger Shivas konsumieren Marihuana. Dr. Aurelius erinnert mich wiederholt daran, dass er eine wertvolle Videokamera dabei habe, deretwegen er ungern sein Leben verlieren möchte. Endlich hören wir das erlösende Klingeln einer Glocke. Das muss der Tempel von Gaurikund sein, und daneben liegt die heiße Quelle.

In schummrig grünes Neonlicht eingetaucht, liegt sie da. Aus dem steinernen Kopf eines Bullen fließt heißes Wasser in das mit Marmor eingefasste Becken. Begeistert ziehe ich mich in einem Fantaladen aus und bitte Dr. Aurelius, die Sachen zu bewachen. Dann gleite ich in die angenehme Wärme und schwimme direkt zu dem Bullenmaul, aus dem das heiße Wasser hervorschießt. Lange genieße ich die freundliche Atmosphäre, die in deutlichem Kontrast zu der etwas beklemmenden, finsteren Stadt steht, und chante dabei alle Mantras, die mir in den Sinn kommen. Das Wasser heilt die Muskeln, wärmt den Körper auf und beruhigt den Geist. Als ich heraussteige, scheint es mir, als würde ich aus einem Jungbrunnen kommen. Dr. Aurelius hat in der beruhigenden Atmosphäre um dieses kleine Refugium ebenfalls wieder Vertrauen gefasst. Während ich mich abtrockne und die Sachen bewache, steigt er ins Wasser. Ein paar Leute kommen vorbei, die uns Westländer erstaunt anschauen, doch es gibt keine Zwischenfälle. Nur mit Mühe überzeuge ich Dr. Aurelius, wieder aus dem heißen Wasser herauszukommen. Begeistert stellen wir fest, dass die Beschwerden des mühevollen Auf- und Abstiegs gänzlich von uns gewichen sind.

Schnell gehen wir durch die „Unterwelt" zurück, die uns jetzt schon etwas vertrauter vorkommt. Unser treuer Fahrer wartet geduldig auf uns. Er ist sichtbar erleichtert, als er uns aus der Dunkelheit der Nacht hervortreten sieht, und verkündet, er habe zu Shiva um unsere sichere Rückkehr gebetet. Er erzählt uns, dass er Bala Gopala und Lakshmana, denen wir den ganzen Tag nicht begegnet sind, bereits vor vier Stunden in unsere Herberge gefahren habe.

Fröhlich fahren wir durch den Dschungel, der uns mit Tausenden von Augen anschaut und mit Tausenden von Stimmen begrüßt. Um etwa zehn Uhr abends gelangen wir beim „Himalaya Hotel" an und fallen nach einem kurzen Nachtmahl glücklich auf die Pritschen.

13
Schwere Rückkehr

Eher ginge ich mit Gott in der Dunkelheit
als alleine im Licht.
(Mary G. Brainard)

Wo bin ich? Ich habe geschlafen wie ein Stein. Das stetige Geräusch von fließenden Wassermassen holt mich zurück: „Paradise on Earth" heißt unser Nachtlager. Es besteht aus ein paar Holzhütten, die am Ufer der Ganga aufgebaut sind.

Gestern ist einer der anstrengendsten Tage der Reise gewesen. Wir waren frühmorgens von den Holzhütten aufgebrochen. Mitten auf der Strecke hielt uns ein Bergrutsch auf. In ungebrochenem Enthusiasmus entschieden wir uns für einen abenteuerlichen Schleichweg, um den Bergrutsch zu umfahren. Hirsche, Tapire, silberhaarige Affen links und rechts der Straße – es war eine richtige Dschungelfahrt. Doch kurz bevor wir die angestrebte Hauptstraße erreichten, versperrte von Neuem ein Bergrutsch unseren Weg. Also mussten wir wieder die ganze Strecke zurückfahren – bis zum „Paradise on Earth".

Wie soll es weitergehen? Wir sind ganz und gar von Krishna abhängig, der in diesem Fall durch die indische Straßenbehörde (falls es so etwas gibt) waltet. Nach Plan wären wir gestern Abend in Rishikesh angekommen und hätten zwei ruhige Tage an der Ganga verbracht. Stattdessen stecken wir jetzt zwischen zwei Bergrutschen fest. Ich bin traurig, weil wir den heutigen Festtag – Radharanis Erscheinungstag, einen der heiligsten Tage in meiner religiösen Tradition – nicht gebührend feiern können. Wahrscheinlich müssen wir auch heute Mittag wieder eine lange Fahrt unternehmen.

Die Knochen tun mir weh, als ich mich mit dem Badetuch über der Schulter in Richtung Ganga bewege. Mein Körper fühlt sich an, als sei gestern jeder meiner Knochen mindestens zwanzig Male aus seiner Position geschüttelt worden. Wir verbringen den Morgen mit intensivem Chanten der heiligen Namen. Jeder von uns hat sich einen Fels in der Ganga ausgesucht. Wir finden dort die Ruhe und Erfrischung, die wir benötigen.

Um Mittag erreicht uns die Nachricht, dass die Straße notdürftig freigeräumt ist. Jeweils ein Jeep kann durchfahren. Doch keiner kann sich für die Idee begeistern, jetzt weiterzufahren. Wollen wir wirklich schon den Himalaya verlassen? Sollen wir überhaupt gehen? Vielleicht zögern wir, weil wir lieber einen ruhigen spirituellen Festtag feiern möchten, anstatt die Hälfte des Tages in einem rüttelnden und schüttelnden Jeep zu verbringen. Doch schließlich ringen wir uns zu dem Entschluss durch, sogleich aufzubrechen.

Dass die Straße nur notdürftig geräumt ist, bekommen

wir hautnah zu spüren. Entsprechend zerschlagen erreichen wir Rishikesh. Es ist zehn Uhr geworden. Wir fahren durch die überfüllten Geschäftsstraßen Rishikeshs. Indische Städte haben die Eigenschaft, sich in der Nacht in unberechenbare Monster zu verwandeln. Das trifft besonders auf die nicht traditionellen Stadtteile zu. Alle möglichen Fahrzeuge lösen sich plötzlich aus der Dunkelheit. Stinkende Auspuffgase legen sich schwer auf unsere Lungen. Schrille Hupen dröhnen. Rücksichtslose, betrunkene Lastwagenfahrer ohne Fahrkenntnisse stürmen die Straßen. Affen werden an Ketten gehalten und Ziegen zum Schlachten geführt. Und durch das ganze Chaos plärren kitschige Hindi-Schlager mit ihrem aggressiven Gedudel aus blechernen Lautsprechern – für jemanden, der aus der Einsamkeit des Himalaya kommt, ein brutaler Kulturschock. Langsam baut sich in uns eine fast elektrische Hochspannung auf.

Doch um zu unserem Nachtquartier zu kommen, das auf der anderen Seite der Ganga liegt, müssen wir da durch. Kaum sind wir über die Brücke gefahren, befinden wir uns plötzlich im Dschungel. Auch hier hat es geregnet, die Schotterpiste ist von Bächen überspült. Nach äußerst beschwerlicher Fahrt gelangen wir zu der Adresse, die uns Atmananda gab. Bala Gopala ist so richtig geladen und beschließt, die Sache mit unserer Unterkunft in die Hand zu nehmen. Ihm geht langsam alles auf die Nerven. Erst nach einer Stunde kommt er zurück – unverrichteter Dinge. Im Himalaya kam er nicht dazu, sich zu rasieren, und sieht nun entsprechend abenteuerlich aus. Trotz seiner angestrengten Bemühungen, verschiedene Ashrambewohner von unserer Rechtschaffenheit zu überzeugen, konnte er ihr Vertrauen nicht gewinnen.

„*No Westerners … it is anyway too late!*"* Das passiert uns in Indien sonst eigentlich nie. Wir versuchen noch zwei weitere Ashrams, aber überall werden wir abgewiesen. Einmal wird uns eine Halle angeboten, in der bereits fünfzig Bettler und viele Hunde schlafen. Doch als diese uns misstrauisch mustern, wollen wir ihre Ruhe nicht weiter stören. Ich werde das Gefühl nicht los, dass sich etwas zusammenbraut. Es ist schon Mitternacht.

Schließlich kommen wir zu einem einladend aussehenden Hotel, auf dem in lila Neonschrift steht: „Hotel Rajdeep". Ich schlage vor, dass wir es dort versuchen. Im Jeep ist die Luft zum Schneiden dick. Wir sind restlos erschöpft und schon jenseits unserer Energiereserven. Mein Vorschlag wird diskutiert. Schließlich geht Bala Gopala und erkundigt sich nach den Preisen. Sie sind völlig überzogen. Doch weil es mittlerweile schon nach Mitternacht ist, bleibt uns keine andere Wahl.

Aber warum ist Bala Gopala auf einmal so aggressiv? Und was ist überhaupt los? Die schöne Pilgerreise droht unschön zu enden.

Ich gehe mit meinem Schlafsack an der Empfangstheke vorbei und sehe das große Bild eines mir sehr unangenehmen New-Age-Gurus. Auch das noch!

Von einem hinkenden Hotelangestellten werde ich in ein Zimmer geführt. Als ich mich aufs Bett werfe, wird mir sofort klar, dass mir eine schreckliche Nacht bevorsteht. Im Zimmer nebenan trommelt jemand auf einer Bongo und durch die Badezimmertür hört man das Stöhnen und hys-

* „Keine Westländer … es ist sowieso zu spät."

terische Auflachen zweier Liebeshungriger aus einem anderen Zimmer. Es tönt so laut, als würden sie in meinem Badezimmer toben.

Wen wundert's, ich kann nicht einschlafen. Immer wieder werde ich aufgeschreckt, gehe ins Badezimmer, dann wieder ins Bett. Es ist unangenehm heiß. Mein Atem geht schwer. Der Wächter am Eingang des Hotels bemerkt die Unruhe in meinem Zimmer und schaltet die Klimaanlage an, die einen ungeheuren Lärm macht. Anfangs kühlt sie zwar den schwülen Raum, doch schon nach kurzer Zeit scheint sie defekt zu werden und bläst warme, staubige Luft herein. Ich versuche sie auszuschalten, doch der Wächter stellt sie immer wieder an.

Schließlich falle ich in einen unruhigen Schlaf. Ich sehe mich in einer Grube voller Schlangen und versuche verzweifelt, über den Rand zu gelangen, rutsche aber immer wieder im rötlichbraunen Schlamm aus. Jemand hält mir die Hand hin. Doch als ich in sein Gesicht blicke, schrecke ich zurück. Es ist der unangenehme Schwindlerguru aus der Empfangshalle. Als ich trotzdem seine Hand packe, verwandelt sie sich in eine züngelnde Schlange, die sich mir ums Handgelenk windet.

Der glattgesichtige Schwindler hat mir aus der Grube herausgeholfen. Ich starre ihn entsetzt an. Vor meinen Augen verwandelt er sich in ein riesiges Weib, das stumm auf den Puls seiner rechten Hand deutet. Der schlägt wie ein Erdbeben, und ich fühle, dass das Leben einer ganzen Welt in der Frau rast. Sie öffnet den gewaltigen Mund, aus dem Worte kommen, die vor meinen Augen menschliche Gestalt annehmen. Manche dieser Figuren stolzieren einher wie eitle Pfauen, in schimmernden Gewändern, mit langsamen und gemessenen Schritten. Andere sehen alt und verlebt aus, wie alte Amerikanerinnen, die ihre Runzeln mit hässlicher Schminke verdeckt haben. Mein Blick fällt an ihnen vorbei auf lange Reihen grauer Gestalten, die von der weiten Steppe der Vergangenheit durch das enge Tor der Gegenwart in die heiße Wüste der Zukunft gehen. Diese Gestalten erinnern mich auf sonderbare Weise an mich selbst – als sie an mir vorbeikommen, wenden sie mir alle ihr verzweifeltes Gesicht zu, und in jedem einzelnen kann ich mich wiedererkennen. Plötzlich kehrt der Führer des gespenstischen Zuges um und führt die Gestalten aufs Neue an mir vorbei. Diesmal tragen sie Masken und bunte Gewänder. Wie toll tanzen sie an mir vorbei und lachen, ohne sich um mich zu kümmern. Nur ganz zum Schluss nähert sich mir eine junge Frau. Ich kann ihr Gesicht nicht genau erkennen, denn sie trägt einen Mantel aus fließenden Tränen und wendet sich ab. Erst als sie ganz nahe ist, schaut sie mich an. Sie ist wunderschön. Sie streckt ihre Hände nach mir aus und fordert, dass ich zurückkomme und alte Schulden bezahle. Entsetzt laufe ich weg und gelange in einen Tempel. Doch auf dem Altar sitzen grölende Vagabunden und singen ein schmutziges Lied.

Ich laufe und laufe, bis ich schließlich auf einem Berg stehe. Das Herz klopft mir zum Zerspringen, und meine Kleider triefen vor Schweiß. Ich sehe einen Sadhu, der zu mir sagt: „Es gibt nur eine Möglichkeit, eine Prüfung zu bestehen – man muss sich ihr stellen.“ Als ich ihn frage, worauf er diesen Satz bezieht, weicht er aus und sagt, man kann nur glauben oder Angst haben – niemals beides. Und während er sich langsam in Dunst auflöst, sagt er: „Du hast zwei Leben: eines, um zu lernen, und das andere, um das Gelernte anzuwenden."

Bin ich ernstlich krank geworden, oder ist die Krankheit in mir einfach nur an die Oberfläche getreten, um zu verdunsten? Ich stehe auf, um noch einmal zu versuchen, die lärmende Klimaanlage auszuschalten. Diesmal gelingt es auf Anhieb, der Wächter hat sich wohl hingelegt. Ich schalte das Licht an und schaue auf mein Bett. Es ist völlig zerwühlt, und das Betttuch ist klatschnass, genau wie mein Hemd.

Aufgrund der Eindrücke fühle ich mich wie unter Hochspannung. Schlafen ist jetzt ganz unmöglich. Also mache ich ein bisschen Ordnung. Das Betttuch lege ich sauber gefaltet in den Schrank, dann dusche ich. Ich lache – wie Sigmund Freud wohl diese Träume deuten würde? Wahrscheinlich käme ich nicht besonders gut bei ihm weg. Dann fällt mir ein, dass ich im *Shrimad Bhagavatam* einmal etwas über spirituelle Traumdeutung gelesen habe. Und nach längerem Suchen finde ich die Stelle:

„Manchmal begegnen uns im Traum Dinge, die wir noch nie im gegenwärtigen Körper gesehen oder gehört haben. So mögen wir im Traum fliegen, selbst wenn wir keinerlei reale Flugerfahrung haben. Das kann bedeuten, dass wir einmal in einem früheren Leben geflogen sind. Der Eindruck befindet sich in der Vorratskammer des Geistes und gelangt plötzlich zum Vorschein. Es ist wie bei einer Vergärung in den Tiefen eines Gewässers: Manchmal kommt sie in Form von Blasen auf der Wasseroberfläche zum Vorschein. Oder wir träumen von einem Ort, den wir niemals in diesem Leben gesehen oder besucht haben. Dies zeigt, dass wir in einem früheren Leben dort eine Erfahrung gemacht haben. Der Eindruck wird im Geist festgehalten, und er manifestiert sich in Träumen oder Gedanken.

Die Schlussfolgerung lautet, dass der Geist die Vorratskammer vielfältiger Gedanken und Erfahrungen ist, die wir im Laufe vieler Leben gesammelt haben. Es besteht also eine fortlaufende Kette von einem Leben zum anderen, von früheren Leben zum gegenwärtigen und von diesem zu künftigen Leben. Das kann sich auch darin äußern, dass jemand als geborener Dichter, Wissenschaftler oder Transzendentalist angesehen wird. Wenn wir in diesem Leben ständig an Krishna denken, werden wir zur Zeit des Todes gewiss in das Reich Gottes erhoben werden. Selbst wenn unsere Versuche, Krishna-bewusst zu sein, keinen vollständigen Erfolg zeigen, wird sich unser Krishna-Bewusstsein im nächsten Leben fortsetzen."

Während ich darüber nachdenke und mich daran mache, den Traum aufzuschlüsseln, fühle ich eine angenehme Müdigkeit und folge bald der Einladung von Bruder Schlaf.

14

Was aufgeben?

Du reist den Pfad des Pilgers nicht allein.
Der, der dich geschickt hat, ist immer noch mit dir.
Er hat dich nicht allein gelassen.
(Elinor MacDonald)

Benommen wache ich auf. Die Sonne steht schon ziemlich hoch. Der lange Schlaf in den Morgenstunden war recht erholsam. Ich habe viel geschwitzt und bin durstig. Obwohl ich mich schwach fühle, spüre ich eine innere Kraft, die immer stärker wird. Ohne genau zu verstehen, warum, fühle ich mich dem Ziel meiner Reise näher.

Jetzt, bei Tageslicht, sehe ich das Hotel zum ersten Mal als Ganzes. Was mir gestern Nacht noch wie die Hölle vorkam, sieht jetzt wie ein einfacher, in modernem Stil errichteter Zimmerkomplex aus. Mir wird klar, dass Krishna dieses Hotel für eine Lehre benutzt hat – eine Lehre, die mich tief im Innern getroffen hat. Gestern habe ich mich gefragt, wann der Höhepunkt der Reise eintreten und wie er wohl aussehen würde, und jetzt bin ich der Antwort ein Stück näher gekommen.

Noch ganz benommen verlasse ich das Hotel und gehe durch den Dschungel. Ich möchte allein sein und über die vergangene Nacht und die ganze Reise in Ruhe nachdenken. Während ich durch den Urwald gehe, fällt mein Blick auf einen großen Tempel, der alles überragt. Ohne richtig zu überlegen, steuere ich darauf zu und gehe die Treppen hoch. Er hat neun Stockwerke. In jedem Stockwerk wird entweder Shiva, Rama oder Krishna verehrt. Der Tempel ist leer. Ich setze mich ganz oben hin und bewundere den schönen Ausblick über das Gangatal. Der Wind weht angenehm kühl. Er trägt mir die Geräusche der Natur zu, die den Tempel umgibt. Immer noch beschäftigt mich das Thema der Reise: der Weg des großen Abschieds. Wovon muss ich Abschied nehmen? Ich habe mein wohlhabendes Elternhaus verlassen, meine Hoffnungen auf Karriere und Positionen aufgegeben und sogar ein lebenslanges Zölibat angenommen.

Vor und unter mir liegt Rishikesh. Ich sehe die Menschen von oben durch die Gassen gehen, wie jemand, der in ein überdimensionales Puppenhaus schaut.

Wovon soll ich noch Abschied nehmen?

Eine leichte Dunstwolke hat sich über der Stadt gebildet.

Aber wovon soll ich Abschied nehmen?

Plötzlich ziehen Gewitterwolken über die Berge. Die Luft wird unruhiger, als bestünde ein Zusammenhang zwischen meiner inneren Unruhe und dem Aufruhr in der Natur. Starke Winde ziehen auf. Die Wolken versammeln sich um die Spitze dieses Lufttempels, als wären sie zu einer Konferenz zusammengerufen worden. Aus nächster Nähe kracht ein Donner. Ich stehe auf und gehe die Treppen hinunter. Laufe ich der Antwort davon? Ich setze mich wieder ganz oben hin.

Was aber soll ich aufgeben?

Wenn ich allein losziehe, habe ich oft mein Liederbuch dabei. Ich schlage es irgendwo auf, im Vertrauen darauf, dass Krishna mir den richtigen Text gibt. Dann nehme ich meine Handzimbeln und singe:

hari hari! viphale janama gonainu
manushya-janama paiya, radha-krishna na bhajiya
janiya shuniya visha khainu
golokero prema-dhana …

O Shri Hari, mein ganzes Leben habe ich nutzlos vergeudet. Obwohl mir die so seltene menschliche Geburt gewährt wurde, habe ich es versäumt, Radha und Krishna zu verehren. Auf diese Weise habe ich wissentlich Gift getrunken.

Von Vrindavan aus der spirituellen Welt ist der Schatz der göttlichen Liebe zu uns herabgekommen. Er hat die Form des gemeinsamen Singens des heiligen Namens angenommen. Warum nur habe ich niemals Anziehung zum heiligen Namen verspürt? Tag und Nacht brennt mein Herz durch das Gift der Weltlichkeit. Ich habe nichts unternommen, um dieses Brennen zu löschen.

O mein Herr, bitte sei mir jetzt barmherzig. Bitte schicke mich nicht fort, denn wem sonst als dir gehöre ich?“

Was aber soll ich aufgeben?

So schnell, wie das Wetterleuchten gekommen ist, hat es sich auch wieder verzogen, als habe es jemand weggezaubert.

Ich schaue auf die große Shiva-Statue, die in majestätischer Haltung das Tal überblickt. Langsam beginnt sich in mir eine Antwort zu formulieren, zunächst eher als vage Ahnung, doch dann nimmt sie zunehmend Gestalt an, wie eine Flamme, die, genährt durch das Öl in der Lampe, zögernd heranwächst. Erneut dringt die bereits gehörte Lehrgeschichte aus meinen Erinnerungen ans Licht meiner Gedanken:

„Wie lange dauert der Traum des materiellen Lebens an? Wann können wir Befreiung erlangen?", fragt der weise König Janaka seinen ungewöhnlichen Gast, den in bescheidene Bettelgewänder gekleideten Ashtavakra. Der Heilige schaut ihn mit seinen dunklen Augen an – Augen, in denen sich der König zu verlieren scheint –, dann steht er auf und geht ruhig zu einer mit Juwelen geschmückten Säule. Jäh umarmt er die Säule mit vehementer Kraft und schreit: „Lass mich los! Lass mich endlich los! Wie lange willst du mich noch halten – gib mir endlich die Freiheit!"

Ungläubig schauen der König und seine Minister dem Schauspiel zu. Die Soldaten werfen sich unsicher Blicke zu – ob sie eingreifen sollen?

Der Heilige blickt mit seinen tiefen Augen den König an, löst seine Umarmung von der Säule und geht gelassen aus dem Königssaal.

König Janaka versteht und folgt ihm in den Wald, um dort Unterweisungen von ihm zu bekommen – Unterweisungen in der Kunst des Loslassens, Unterweisungen für den Weg des großen Abschieds.

15

Abschied oder Aufbruch?

Die Reise findet in dir selbst statt.
Du bereist die Straßen der inneren Welt.
Doch die innere Reise darf niemals ohne Richtung sein.
(Darwin Gross)

Für mich war diese Reise in erster Linie ein inneres Erleben, gleich einem Traum oder einer Vision. Ein Pilger verlässt den äußeren Pfad und wandelt auf dem inneren. Sein Erleben transzendiert die äußeren Dinge, denen er begegnet – er ist, sozusagen, ausgewandert in seine eigene spirituelle Subjektivität. Die Steinstufen auf dem Pilgerpfad sind für ihn mehr als nur Granitblöcke. Die Tiere bestehen nicht mehr aus Fleisch und Blut. Durch die Öffnung nach innen bekommt alles eine andere Dimension, wird zum Sinnbild für den eigenen spirituellen Weg. Plötzlich ist es der Wald des materiellen Daseins, der zum exotischen Dschungel wird, mit seiner eigenen Tierwelt: Illusionen als Silberaffen und Ängste als Leoparden.

Äußerlich wie innerlich war die Reise eine große Herausforderung. Genauso wie wir von Deutschland bis zu unserem höchsten Punkt – der Höhle von Mucukunda – viele

Hindernisse überwinden mussten, stellten sich uns auch wiederholt ernsthafte innere Barrieren entgegen. Wenn ein Mensch aufbricht und seiner Bestimmung entgegengeht, tauchen häufig Hindernisse auf, die nicht eingeplant waren, und er stolpert oder muss die Richtung wechseln. Solange wir noch auf dem Weg sind, im Tal sozusagen, und die zurückgelegte Wegstrecke nicht vom Gipfel aus betrachten können, hadern wir oft mit dem Schicksal und zweifeln an unserer Stärke. Das ist natürlich. Wer solche Selbstzweifel nicht zulässt und sie stattdessen verdrängt, erliegt bald seinem stärksten Feind: dem Stolz. Gesegnet ist, wer auf seinem Weg Augenblicke der Unentschlossenheit und Selbstzweifel durchlebt. Alle Kämpfe im Leben wollen uns etwas lehren, und besonders wertvoll für unsere Weiterentwicklung sind die, in denen wir eine Niederlage erleiden, so paradox das klingen mag. Denn in solchen Momenten können wir erkennen, dass wir wegen Nichtigkeiten gekämpft und Lügen verteidigt haben.

So betrachtet, sind alle Schwierigkeiten und Niederlagen förderlich und verfolgen einen tieferen Sinn, der sich jedoch meistens erst nachträglich offenbart – nämlich dann, wenn wir in der Überwindung dieser Hindernisse stärker und weiser geworden sind. Erst dann begreifen wir, dass hinter allem, was uns begegnet, eine segnende Führung steht. Dann können wir von Herzen „Danke" sagen. Bis dahin können wir uns im Vertrauen üben, dass hinter allem, was uns widerfährt, eine Segnung steht, die uns weiterhilft, und dass wir die Bedeutung von allem verstehen werden, sobald die Zeit reif ist. Das ist für mich eine der wertvollsten Lernerfahrungen auf einer Pilgerreise.

Auch ist mir klar geworden, dass wir einen wichtigen Antrieb im spirituellen Leben benötigen: die Sehnsucht. Wir gleichen einem Stück Baumwolle, das vom Wind der Sehnsucht zu immer neuen Höhen getragen wird. Ohne diesen Wind bleiben wir wie tot am Boden liegen. Dieser innere Antrieb gibt uns die Qualifikation, wirklich nach Krishna zu suchen – hellwach, voller Demut und Achtung, mit unerschütterlicher Zuversicht.

Den Himalaya ziert eine einzigartige landschaftliche Schönheit und Ursprünglichkeit. Die majestätische Stille und Wucht der Berge, die weite, unberührte Natur und das einfache, herzliche Wesen der Bewohner erfreuen das Auge und weiten das Herz. Doch diese materiellen Anreize haben uns nicht auf die Reise geschickt. Wir kamen nicht nach Badrinath, um die heißen Quellen zu besuchen, sondern *„for spiritual reasons"*. Die täglichen spirituellen Erfahrungen und Offenbarungen ließen alle materiellen Anreize nahezu unbedeutend erscheinen.

In dieser Konzentration auf das eigentliche Ziel meiner Reise ist mir aufs Neue der heilige Name Krishnas erschienen, als ein Mittel der Verbindung zu Krishna und meinem spirituellen Meister. In den stillen Momenten, die mir eine Vertiefung in den heiligen Namen erlaubten, hat sich der Vorhang der Illusion ein wenig gelüftet, und ich habe erfahren, dass Krishna wirklich existiert. Andere Erlebnisse, vor allem in Badri, haben mich darin bestärkt: als ich auf den Altar schaute, als ich die Höhle Vyasadevas besuchte, als ich den Narayana-Berg sah. Und mir wurde klar und deutlich meine Abhängigkeit von Krishna aufgezeigt. Dazu verhalfen mir nicht nur die äußerlich gefährlichen Situationen, bei denen mich eine gütige Hand zu beschützen schien. Fast mehr noch waren es die vielen kleinen Momente spiritueller Erkenntnis, als ich mich in eine höhere, göttliche Ordnung eingebettet wahrnahm.

Shrila Prabhupadas Worte, die ich unterwegs las, haben mir sehr geholfen, zu diesem Verständnis zu gelangen: „Im Grunde ist jeder von der Barmherzigkeit des höchsten Herrn abhängig. Doch wenn man seine Beziehung zum Herrn vergisst, wird man voll und ganz von den Bedingungen der materiellen Natur abhängig. Wirkliche Unabhängigkeit bedeutet daher, vollkommen auf die Barmherzigkeit des Herrn zu vertrauen, ohne von den Bedingungen der Materie abhängig zu sein."

* * *

Das Motto meiner Pilgerreise stand für mich von Anfang an fest: Loslassen – der Weg des großen Abschieds. Doch bis zuletzt war mir unklar, wovon ich eigentlich Abschied nehmen sollte. Erst ganz am Ende hat sich mir eine Antwort angedeutet, und ein wegweisendes Licht ist am Horizont meines Lebens aufgegangen – ein Stern über den Himalayatälern sozusagen, der mir den Weg aus meinem Konflikt weist. Aber ich glaube nicht, dass es viel nützt, anderen meine inneren Erkenntnisse zu schildern: Es gibt keine Patentrezepte zum Loslassen, jeder muss in seiner individuellen Lebenssituation selbst erkennen, wovon er Abschied nehmen soll, um sich weiterzuentwickeln. Was eine Person beflügelt, mag völlig unzutreffend für die nächste sein. Aber in jedem Fall warten Antworten und Erkenntnisse darauf, von uns gefunden zu werden. Vielleicht halten sie sich in einem Tal des Himalaya bereit oder in einem Gespräch mit nahestehenden Mensch oder im Alltag, sobald wir ihn mit veränderter Sicht betrachten. Gott im Herzen ist jederzeit bereit, uns auf der Suche zu helfen. Die Kunst besteht darin, seine Zeichen zu erkennen und ihnen zu folgen – bereit, Abschied vom Vertrauten und Althergebrachten zu nehmen.

Oft genügt ein scheinbar geringfügiger Anlass, um den entscheidenden Impuls zum Loslassen und Abschiednehmen zu geben – der berühmte Tropfen, der das Fass zum Überlaufen bringt. Dies zeigt die Geschichte des Ministers Dabir Khasa, der vor etwa fünfhundert Jahren unter dem Herrscher von Bengalen, Nawab Hussain Shah, diente. Einst wurde dieser Minister um Mitternacht geweckt: Der Nawab wollte ihn sehen. Dabir Khasa konnte sich denken, worum es ging – irgendeine Belanglosigkeit, die dem launischen Herrscher wieder einmal Sorgen machte; vielleicht hatte er zu viel getrunken oder konnte nach einer rauschenden Liebesnacht nicht schlafen. Wie nichtig der Anlass auch sein mochte, der Minister musste dem königlichen Befehl unverzüglich Folge leisten.

Während er auf der Sänfte zum Palast getragen wurde, tobte ein gewaltiger Regensturm. Der Weg war schlammig und kaum begehbar; schlitternd und fluchend wateten die Sänftenträger durch die Finsternis. Sie kamen an einer kleinen Hütte vorbei, in der eine Wäscherin und ihr Mann das Nachtlager teilten. Als der Mann von den Geräuschen der Vorbeiziehenden geweckt wurde, fragte er seine Frau schlaftrunken: „Wer ist da, der durch diese gottverlassene Nacht reist?" Müde, doch deutlich vernehmbar, drang die Stimme der Wäscherin aus der Hütte an das Ohr des Ministers: „Entweder ein streunender Hund, ein Dieb oder der Sklave eines Materialisten."

Wie ein Blitz schlug dieser Satz in das Herz des Ministers ein und erweckte seinen Wunsch nach Aufbruch – er wollte nicht mehr unter solchen Umständen leben! Eine wilde Sehnsucht erfasste ihn, eine Sehnsucht nach Freiheit, Gottesnähe und vor allem nach dem Abschied vom sklavenhaften Dienst am Königshof. Wenig später trat er aus der Regierung aus, gab sein angehäuftes Vermögen fort und pilgerte zum heiligen Wald von Vrindavan. Dort erlangte er Berühmtheit unter dem Namen Rupa Goswami und wurde einer der maßgeblichen philosophischen und spirituellen Lehrer seiner Zeit.

Im materiellen Leben fällt das Abschiednehmen jedoch schwer, selbst wenn man weniger aufgeben muss als das gewaltige Vermögen, das Rupa Goswami hinter sich ließ. Oft wollen wir etwas verändern, doch gleichzeitig plagt uns eine heimliche Angst vor den Schritten, die ins Unbekannte, Unsichere, Undefinierte führen. Eine eigentümliche Melancholie überfällt viele, wenn sie nur daran denken, Dinge oder Beziehungen aufzugeben. Richtig loslassen und bewusst Abschied nehmen ist eine hohe Kunst. Wer sie beherrscht, wird glücklich und öffnet sich für echtes spirituelles Leben. Wer sie nicht kennt, leidet und verzagt, sobald ihm ein unvermeidlicher Abschied bevorsteht.

Vielleicht ist es daher zum Ende dieses Buches angebracht, sich von den Begriffen „Abschied" und „Loslassen" zu verabschieden und stattdessen das Wort „Aufbruch" einzuführen. Wer zu neuen Ufern aufbricht, angesteckt von der Begeisterung für das Kommende, verschmerzt leicht den

Abschied vom Gewohnten. Oft bekommt er gar nicht mit, wie selbstverständlich er liebgewonnene Dinge und Gewohnheiten loslässt. Ganz im Sinne Hermann Hesses: „Und jedem Anfang wohnt ein Zauber inne, der uns beschützt und der uns hilft zu leben.“ Möge unser Weg des großen Abschieds ein froher und erfüllender Aufbruch zu unserer eigenen Bestimmung werden!

Anhang

Einige Wegweiser

Wer zu seiner Bestimmung aufbrechen will, sollte eine ganz wichtige Lebenskunst lernen: zuhören. Nicht nur den Menschen, die uns begegnen, sondern auch den Ereignissen in der Natur und dem Leben selbst. Zuhören bedeutet, Hinweise und Zeichen zu verstehen und ihnen zu folgen, ganz gleich, von wo sie zu uns kommen. Um diese Kunst zu vermitteln, möchte ich einige alterprobte Empfehlungen geben – sozusagen spirituelle Wegweiser für den Aufbruch –, die mir selbst auf meinem Weg des großen Abschieds geholfen haben.

1. **Wo stehe ich?**
   Versuche deine Ausgangssituation zu verstehen. Akzeptiere dich, wie du bist, und finde deine Stärken und Schwächen heraus.

2. **Was sind meine Ziele?**
   Besinne dich auf deine Talente und Begabungen und

setze dir klare Ziele. Wenn du dich auf das konzentrierst, was dir mitgegeben wurde, wirst du schnell herausfinden, was du vom Leben willst und was dich im tiefsten Innern inspiriert. Es hilft nicht weiter, dass man Aufgaben übernimmt, für die man nicht geeignet ist, oder dass man den Mangel an etwas beklagt, was einem nicht gegeben wurde.

3. **Wie lautet mein Lebensplan?**
Gestalte dein Leben nach deinen eigenen Erkenntnissen und Vorstellungen. Plane und handle nach bestem Wissen, doch bleibe offen und flexibel für das Erkennen eines höheren Plans.

4. **Welche Schritte stehen an?**
Jede Reise fängt mit den ersten Schritten an. Wer mit kleinen Veränderungen beginnt, wird durch rasch eintretende kleine Erfolge bestätigt. Auch kann man dann leichter zurückblicken und eventuelle Korrekturen vornehmen.

5. **Wie lerne ich, Nein zu sagen?**
Wenn wir lernen, kleine und große „Neins“ zu üben, ohne Schuldgefühle zu bekommen, können wir frei von unnötigen Kompromissen leben. Dabei sollten wir bemüht sein, niemanden unnötig vor den Kopf zu stoßen und die Grenzen anderer zu achten.

6. **Wo finde ich Kraft und Führung?**
Bemühe dich um Verbindung mit dem eigenen spiritu-

ellen Wesen und mit dem Herrn im Herzen. Versuche deinen Platz im göttlichen Plan zu erkennen und bete um die Kraft, nach Gottes Willen handeln zu können.

7. **Wo finde ich Wissen und Inspiration?**
Vertiefe dich in das Lesen der heiligen Schriften; sie sind wie eine Art Landkarte, die uns hilft, unser Ziel zu erreichen. Dort finden wir Weisung, Trost, Zuversicht und eine spirituelle Perspektive.

8. **Wo finde ich Vorbilder?**
Das Beispiel von Menschen, die aus einer ähnlichen Situation wie der unsrigen aufbrachen und den Weg des großen Abschieds erfolgreich gegangen sind, kann eine enorme Ermutigung und Inspiration für unseren eigenen Weg sein.

9. **Wo finde ich Gemeinschaft?**
Versuche, gute Gemeinschaft zu pflegen, besonders mit Menschen, die in ihrem Leben nie stagnieren, sondern aktiv und zuversichtlich die wunderbaren Möglichkeiten des Aufbruchs zelebrieren. Solche Menschen helfen uns, auf unserem Weg in Bewegung zu bleiben.

10. **Wie kann ich verbunden sein?**
Höheres Sein bedeutet höheres Verbundensein. Durch regelmäßige spirituelle Übungen können wir Kraft tanken und lernen, uns selbst zu beobachten. Besonders das Chanten des Hare-Krishna-Mantras kann uns auf eine Ebene des höheren Verbundenseins erheben. Da-

bei helfen Vertrauen, Enthusiasmus, Ausdauer und Geduld.

11. Wie höre ich die Überseele im Herzen?

Ein Philosoph sagte einmal: „Die Frage ist nicht, ob Gott unsere Gebete erhört, sondern ob wir seine Antworten hören." Als die Überseele im Herzen gibt Gott uns alles Wissen, das wir auf unserem Weg benötigen. Wenn wir lernen, hinzuhören und das Gehörte anzunehmen, wandeln wir auf einem sicheren Pfad.

12. Wie verstehe ich Gottes Plan?

Die Essenz dieser Übungen ist es, offen zu werden für den Plan und die Arrangierungen des Herrn. Wer seinen Aufbruch auf ein unbewegliches Konzept baut, wird schon bald erleben, wie es im Strom des Lebens zerbröselt und davongetragen wird. Wer sich jedoch bemüht, Gottes Plan zu folgen, wird erfahren, wie er von helfenden Händen getragen wird.

Fragen zum Thema „Abschied“

1. Bestimmt musstest du bereits in deinem Leben von etwas oder jemandem Abschied nehmen. An welche bewegenden Situationen kannst du dich erinnern? Welche Gefühle riefen diese Situationen hervor? Waren es Gefühle der Trauer oder der Freude? Beispiele wären:

   - Ende der Schulzeit
   - Umzug
   - Ende einer Beziehung
   - Verlust der Milchzähne
   - Konfirmation
   - Tod von Angehörigen oder Freunden
   - Diebstahl
   - Ausmusterung
   - Abschluss einer Reise

2. Von wem oder was kann man eigentlich Abschied nehmen?
3. Von wem oder was muss man im Leben Abschied nehmen?
4. Was ist dir zu wichtig, um es aufgeben zu wollen?
5. Welche Dinge möchtest du schon in diesem Leben aufgeben? Was davon kannst du leicht hergeben, was fällt dir schwer? Warum?
6. Was hindert dich daran, dich von Liebgewordenem zu verabschieden?
7. Warum, glaubst du, machen dich manche Abschiede traurig und manche glücklich? Was steckt dahinter?
8. Was müsste sich in deinem Leben ändern, damit du Dinge, an denen du jetzt sehr hängst, aufgeben könntest?

Eine Abschiedsübung

Stell dir vor, du wohnst in einem idyllischen Tal unterhalb eines großen Staudamms. Es ist Herbst, seit Tagen stürzen sintflutartige Regenfälle vom Himmel.

Was schon lange befürchtet wurde, erweist sich als wahr: Der Staudamm ist den Wassermassen nicht mehr gewachsen. Der zunehmende Druck lässt Risse entstehen, die Fluten werden jeden Moment durch die Mauer brechen und dein idyllisches Tal mit seinen Bewohnern vernichten. Eine Evakuierung ist unvermeidbar, die Bewohner packen bereits ihr Hab und Gut auf alle verfügbaren Fahrzeuge. Da erreicht euch die bestürzende Nachricht, dass die einzige Zugangsstraße von einem Gebirgsbach überflutet wurde und unpassierbar ist. Ihr seid von der Außenwelt abgeschnitten. Eilig organisiert die Regierung ein Rettungskommando. Lautsprecherdurchsagen verkünden, dass in einer Stunde mehrere Helikopter eintreffen werden, um die Bewohner in Sicherheit zu bringen. Die begrenzte Kapazität der Helikopter erlaubt allerdings jeder Person nur ein Handgepäck von zwanzig Kilogramm. Alles andere müsst ihr unwiderruflich zurücklassen.

Welche persönlichen Dinge nimmst du mit? Versuche, das Gewicht der jeweiligen Gegenstände zu schätzen.

Ein Abschiedslied

Im zweiten Kapitel haben wir von Bhartriharis berühmter Sanskritdichtung *Vairagya-Shatakam* erzählt. Nachfolgend haben wir die bedeutendsten Verse daraus zusammengetragen. Um die Unmittelbarkeit der Aussagen zu erhalten, haben wir versucht, die poetischen Verzierungen des Originaltextes möglichst getreu in der Übersetzung zu erhalten. Auch wenn der Grad der Abkehr und Loslösung von der Welt, den Bhartrihari hier beschreibt, für uns nicht nachahmbar ist, so können wir von ihm dennoch lernen, diese Welt mit anderen Augen zu betrachten. Was uns unverzichtbar für unser Glück erscheint, verliert im Licht dieser Verse plötzlich an Gewicht, und der Geist des Aufbruchs manifestiert sich in unserem Herzen.

1. Vergebens war, was wir gierig verschlangen um weltlicher Freuden willen – am Ende wurden wir verschlungen von den Strudeln lüsternen Begehrens. Vergebens war alle Buße und Entbehrung, um Gier und Neid zu

verbrennen – am Ende wurden wir verbrannt im Feuer der Lust. Ewige, allgegenwärtige Zeit verrinnt nicht – doch unsere karge Lebensspanne verrinnt mit dem sicheren Herannahen des Todes. Anstatt im Laufe der Zeit zu vergehen, gewinnen die Wünsche an Kraft von Tag zu Tag – doch wir vergehen im qualvollen Alterskampf.

2. Hoffnung ist wie ein strömender Fluss, bestehend aus den Wassern der niemals endenden Wünsche, aufgepeitscht von den Wellen kühner Sehnsüchte, bevölkert von den Raubfischen des Verlangens nach den Objekten des Genusses. Die Wasservögel der Pläne schmiedenden Begierden tummeln sich auf seinen Wogen, und sein mächtiger Lauf entwurzelt die großen Bäume von Geduld und Seelenstärke. Gewaltige Strudel von Unwissenheit verwehren die Furt, und gar steil fallen die Ufer ängstlichen Nachsinnens in das tiefe Bett. Solch einen Fluss passieren die großen Yogis mit reinem Geist, um am anderen Ufer höchste Glückseligkeit zu genießen.

3. Gewiss werden uns die Objekte des Genusses, die uns so lange Zeit begleitet haben, eines Tages verlassen. Welchen Unterschied also ruft ihre sofortige Entbehrung hervor? Warum kann sich der Mensch nicht frohgemut von ihnen lösen? Wenn sich Genuss aus eigenem Antrieb von uns reißt, stürzt er den Geist in großes Leid; dem Menschen hingegen, der ihm aus freien Stücken entsagt, gewährt er das ewige Glück der Selbstfindung.

4. Gesegnet sind diejenigen, die in Berghöhlen leben, meditierend über den Höchsten, während Vögel, frei von

Angst, auf ihren Schößen landen und die Nektartropfen ihrer im Meditationsglück vergossenen Tränen trinken. Unser Leben hingegen versiegt rasch in den Aufregungen der Palastfeierlichkeiten, an den Ufern erfrischender Teiche oder in ausschweifenden Lustgärten, welche alle nichts weiter sind als vergängliche Schöpfungen unserer brütenden Einbildung.

5. Ohne die vernichtende Gewalt des Feuers zu kennen, springt die Grille in die Glut, und allein aus Torheit verschlingt der Fisch den Köder am Haken. Was unterscheidet uns von ihnen? Bei aller Kraft der Unterscheidung entsagen wir nicht den komplizierten, gefahrenschwangeren Wünschen unserer Sinne. Seht nur die unzerstörbare Macht der Illusion!

6. Hört nur! Werden etwa jene abgelegenen Orte im Himalaya, welche gekühlt werden von dem Odem winziger, den Wellen der Ganga entspringender Tropfen, und deren reich ausgestattete Felsengemächer ein bevorzugter Tummelplatz der himmlischen Wesen sind, werden solche Orte etwa heimgesucht von den Wogen der Vernichtung? Warum dann sucht der Mensch nicht dort Zuflucht, sondern klammert sich in seiner Schande an andere zu seiner Erhaltung?

7. Im Genuss liegt die Gefahr zu erkranken, soziales Ansehen verleitet zum Fall, Reichtum beschwört Neider herauf, und Ehre führt zu Demütigung. Der Mächtige fürchtet Feinde, der Schöne das Alter, der Schriftgelehrte Widersacher, der Tugendhafte seine Verleumder, und

jeder im Körper fürchtet den Tod! Alle menschlichen Belange in dieser Welt sind untrennbar mit Furcht verbunden – Entsagung allein steht für Furchtlosigkeit.

8. Flatterhaft sind die Genüsse der verkörperten Wesen, wie das flinke Spiel von Blitzen in einer Wolkenmasse. Das Leben selbst ist unsicher wie ein Wassertropfen auf einem Lotosblatt: Jeden Augenblick kann er vom Winde verweht werden. Auf diese Weise die Unbeständigkeit jugendlicher Wünsche erkennend, richten die Weisen ihren Geist fest auf den Pfad des Yoga, der leicht erreicht wird durch Geduld und Gleichmut.

9. Mit jedem Tag, mit jedem Auf- und Untergang der Sonne verkürzt sich das Leben. Doch der Flug der Zeit wird nicht gespürt unter der schweren Last vielfältiger Sorgen und Taten, und Furcht kommt nicht auf beim Anblick von Geburt, Tod, Alter und Leid. Sieh nur, wie die Welt verrückt tanzt im Delirium des betäubenden Weines der Illusion!

10. Einhundert Lebensjahre sind dem Menschen gewährt. Die Hälfte davon verbringt er in der Nacht und den Rest halbiert er erneut mit Kindes- und Jugendspielereien. Was übrig bleibt, ist durchsetzt mit Krankheit, Trauer und Nöten im Dienste anderer. Welches Glück kann demnach der Sterbliche in seiner Lebensspanne erwarten, die unbeständiger ist als das Wellengekräusel auf dem Wasser?

11. O mein Geist, wozu wanderst du vergebens umher? Komm irgendwo zur Ruhe! Was auch immer geschehen

mag, es geschieht aus sich selbst und nicht durch dein Bemühen. Indem ich aufhöre, über Vergangenes zu grübeln und Zukünftiges zu beschließen, genieße ich, was ohne der Gedanken Lauf von selbst erscheint.

12. O mein Geist, nimm Abstand von dem leidbringenden Labyrinth der Sinne! Wähle den Pfad des höchsten Wohles, der im Nu endlose Leiden zerstören kann. Erhebe dich zur Ebene der reinen Seele, verlasse den reißenden Fluss des inneren Aufruhrs, und werde ruhig, indem du nie wieder nach vergänglichen weltlichen Genüssen strebst.

13. Solange Krankheit und Gebrechlichkeit den Körper verschonen, solange Altersschwäche weit entfernt bleibt, solange die Sinne mit ungebrochener Kraft arbeiten und das Leben nicht verblüht, sollte sich der Weise mit großer Anstrengung um sein höchstes Gut bemühen. Denn welchen Nutzen hat es, nach Wasser zu graben, wenn das Haus bereits in Flammen steht?

14. Erscheint uns ein Palast nicht als angenehme Wohnstätte? Hört man nicht gerne Lieder mit süßer Begleitung? Ist uns die Gemeinschaft mit Frauen nicht eine große Freude, ja so lieb wie das eigene Leben? Dennoch suchen Weise die Wälder auf, indem sie diese Dinge als unbeständig erachten, wie den Schatten, den der Flügelschlag einer verirrten Motte in das Licht einer Lampe wirft.

15. Wenn selbst Schlangen vom Schöpfer ohne Not die Luft zum Atmen erhalten, wenn Tiere mit jungem Gras und

dem Boden als Lager zufrieden sind, warum kann dann der Mensch mit geschärfter Intelligenz, die ihn über den Ozean der Seelenwanderung führt, nicht gleichermaßen leben? Diejenigen, die danach streben, überwinden unweigerlich und unwiderruflich die Fessel der Illusion.

16. Gesegnet ist, wer den vielfältigen, aus der Haltung des Begehrens entspringenden weltlichen Beziehungen entsagt. Mit den Händen als heiliges Gefäß, mit auf Wanderschaft erbettelter, nie ausbleibender Nahrung als Erhalt und mit der Erde als beständiges, geräumiges Bett ist er in sich selbst zufrieden, denn das Alleinsein hat sein Herz vollständig zur Reife gebracht und die Wurzeln seines Karmas für alle Zeiten ausgerissen.

17. Wann wird der Tag kommen, an dem ich im Himalaya am Ufer der Ganga, in Lotosstellung auf einem Stein sitzend, in vollendeten Samadhi falle, hervorgerufen durch sorgsame Meditation über das Brahman, und alte Antilopen ohne Furcht ihre Glieder an meinem Körper reiben?

18. O Mutter Erde! O Vater Wind! O Feuer, mein lieber Freund! O Wasser, mein guter Verwandter! O Bruder Himmel! Nun werde ich euch zum letzten Mal mit Händeklatschen grüßen. Nachdem ich alle weltlichen Verlockungen mit ihrer wundersamen Macht von mir geworfen habe, gestärkt durch eine Fülle reinen Wissens, das ich in eurer Gemeinschaft erworben habe, werde ich nun in das höchste Reich eingehen.

Die Mantra-Meditation

Regelmäßige Meditation ist für jeden, der aufbrechen will, eine nahezu unerlässliche Übung. In der Meditation soll das Bewusstsein auf das eigene Selbst und auf Gott oder das Göttliche gerichtet werden. Der wichtigste Schritt dabei ist, den unaufhörlichen Strudel der Gedanken zur Ruhe zu bringen. Eine wirksame Form der Meditation besteht darin, den Geist auf eine spirituelle Klangschwingung, ein Mantra, auszurichten.

Mantra bedeutet „das, was den Geist befreit". Das Gehör gilt als das subtilste Sinnesorgan; selbst im Schlaf ist das Ohr aktiv, und wir werden leichter durch den Klang eines Weckers als durch das Licht der aufgehenden Sonne geweckt. Optische Eindrücke kann man bei der Meditation leicht ausschalten, indem man die Augen halb schließt. (Man sollte die Augen nicht vollständig schließen, weil sich sonst Müdigkeit einstellt und innere Bilder sich ablenkend manifestieren.) Doch das Gehör bleibt aktiv und entführt unser Bewusstsein immer wieder in die Außenwelt. Indem wir das Gehör durch ein Mantra in den Meditationsvorgang einbinden, fällt es dem Geist leichter, sich zu vertiefen.

Das bekannteste Mantra ist das Om. Es gilt als der Ursprung allen Klangs, als spirituelle Information in ihrer reinen, konzentrierten Essenz. Alle vedischen Hymnen beginnen mit Om. Noch geeigneter für die Mantra-Meditation ist das Maha-Mantra, das „große Mantra". Es lautet wie folgt:

Hare Krishna Hare Krishna Krishna Krishna Hare Hare
Hare Rama Hare Rama Rama Rama Hare Hare

Die vedischen Schriften erklären, dass sich die konzentrierte spirituelle Essenz des Om in den Silben des Maha-Mantras entfaltet. Im Maha-Mantra manifestiert sich Gott in Form von Klangschwingung. In der materiellen Welt ist der Klang eines Objekts von dem Objekt selbst verschieden. Wir können zum Beispiel unseren Durst nicht stillen, indem wir „Wasser, Wasser, Wasser!" ausrufen. Wir müssen schon Wasser trinken. Der Klang „Wasser" und die Substanz Wasser sind voneinander verschieden.

Mit spirituellem Klang verhält es sich anders. Gott ist nicht von der spirituellen Klangschwingung seines Namens verschieden. Die Silben des Maha-Mantras – Hare, Krishna und Rama – sind Namen Gottes. Wenn wir durch das Maha-Mantra Krishnas Namen anrufen, treten wir direkt mit ihm in Beziehung.

Shrila Prabhupada schreibt über das Maha-Mantra: „Krishna-Bewusstsein ist keine künstliche Beeinflussung des Geistes. Es ist die ursprüngliche natürliche Energie des Lebewesens. Wenn wir die transzendentale Schwingung des Hare Krishna Maha-Mantras hören, wird dieses natürliche Bewusstsein wiederbelebt. Diese einfache Methode der Meditation ist für das gegenwärtige Zeitalter empfohlen. Durch praktische Erfahrung können wir sehen, dass man durch das Chanten des Maha-Mantras sogleich transzendentale Ekstase verspüren kann, die aus dem spirituellen Bereich herabkommt. Das erste Anzeichen hierfür ist, dass man den Drang hat, zum Chanten des Mantras zu tanzen. Wir haben dies praktisch gesehen. Sogar ein Kind kann an dem Chanten und Tanzen teilnehmen. Natürlich dauert es bei jemandem, der zu stark in das materielle Leben verstrickt ist, etwas länger, bis er auf diese Stufe kommt. Doch selbst solch ein Mensch wird sehr schnell auf die spirituelle Ebene erhoben.

Die Worte Krishna und Rama sind Namen des Herrn; beide bedeuten „die höchste Freude". Das Wort Hare ist eine Anredeform der höchsten Freudenenergie des Herrn; sie hilft uns, den Herrn zu erreichen. Diese drei Wörter – Hare, Krishna und Rama – sind die transzendentalen Samen des Maha-Mantras. Das Chanten ist ein spiritueller Anruf an den Herrn und seine Energie, ein Ruf nach Schutz für die bedingte Seele. Dieses Chanten gleicht dem Weinen eines Kindes nach seiner Mutter. Mutter Hara hilft uns, die Gnade des höchsten Vaters, Krishna, zu erreichen, und der Herr offenbart sich dem Praktizierenden, der dieses Mantra aufrichtig chantet."

Die Praxis der Mantra-Meditation

Es gibt zwei Methoden, wie man das Maha-Mantra chanten kann. Bei der ersten Methode singt man das Mantra nach einer beliebigen Melodie und vertieft sich in den Gesang, vielleicht sogar, indem man dazu tanzt, wie es Shrila Prabhupada in dem obigen Zitat beschreibt. Dies nennt man Kirtan.

Bei der zweiten Methode spricht man das Mantra halblaut, nur für das eigene Ohr vernehmbar; dabei zählt man die Anzahl der Mantras auf einer Meditationskette. Dies nennt man Japa. Die Meditationskette besteht aus insgesamt 108 Perlen und einer größeren, auf der jedoch nicht gechantet wird. Man beginnt, indem man die erste Perle neben der großen Perle zwischen Daumen und Mittelfinger hält und ein vollständiges Mantra ausspricht. Dann nimmt man die nächste Perle zwischen Daumen und Mittelfinger, chantet wieder ein Mantra, und so fort. Nach einer Runde auf der Kette hat man demnach 108-mal das Mantra gechantet. (Die Zahl 108 gilt in der vedischen Tradition als besonders heilig.) Um eine weitere Runde zu chanten, dreht man die Kette um und nimmt die Perle, auf der man geendet hat, als die erste Perle der nächsten Runde. Diese Übung sollte man möglichst meditativ ausführen. Folgende Punkte helfen, den Geist auf das Mantra zu fixieren:

1. Wähle einen ruhigen, möglichst für die Meditation reservierten Sitzplatz.
2. Nimm eine aufrechte, entspannte Sitzhaltung ein.

3. Sprich jede Silbe des Mantras deutlich und vernehmlich aus.
4. Bring den Geist immer wieder geduldig zurück, wenn er abschweift.
5. Versuche, jeden Tag zur gleichen Zeit eine feste Anzahl von Runden zu chanten.

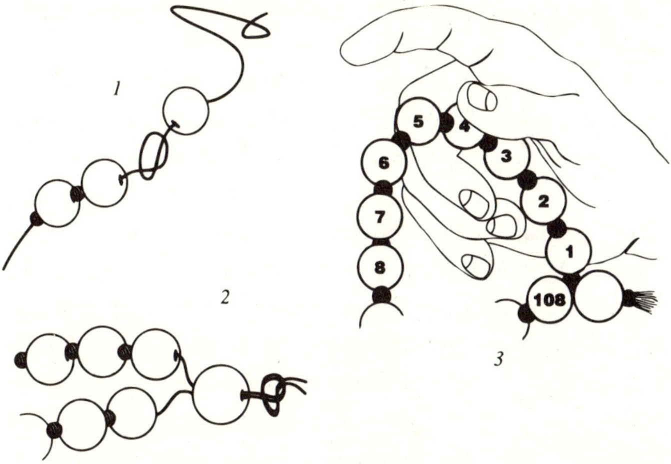

Wer tiefer in die Praxis der Mantra-Meditation eintauchen möchte, sei auf mein Buch *Der Nektarozean des Heiligen Namens** verwiesen. Man kann aber auch einfach dort beginnen, wo man gerade steht. Jeder kann diesen Versuch wagen, indem er eine Zeitlang täglich eine oder zwei Runden auf der Meditationskette* chantet. Wem es gelingt, den Geist zu fixieren und tief in den ruhig dahinfließenden Strom des

* Das Buch sowie die Meditationskette können über die im Impressum aufgeführten Adressen bestellt werden.

Mantras einzutauchen, der wird auf den Geschmack kommen und tiefer und tiefer in das Geheimnis der Mantra-Meditation eindringen wollen. Als mein spiritueller Meister einmal gefragt wurde, was das Ergebnis des Chantens sei, sagte er in diesem Verständnis: „Mehr chanten."

Glossar

Aratik eine vedische Zeremonie, mit der die Altargestalt, der spirituelle Meister oder eine andere spirituell erhabene Persönlichkeit verehrt wird.

Bhagavad-Gita der „Gesang Gottes", in dem Krishna die vedische Philosophie und die verschiedenen Yoga-Pfade erklärt. Die *Bhagavad-Gita* ist der zentrale Teil des Epos *Mahabharata* und gilt als grundlegende philosophische Schrift Indiens.

Bhakti, Bhakti-Yoga der Pfad des hingebungsvollen Dienens, bei dem Gott durch Dienst, Gebete und Meditation in einer liebevollen Haltung verehrt wird. Bhakti-Yoga wird in den Veden als die Essenz aller Yoga-Pfade beschrieben.

Caitanya Mahaprabhu die Inkarnation Krishnas im gegenwärtigen Zeitalter des Kali. Er erschien vor ca. 500 Jahren in Mayapur in Westbengalen. Obwohl er Krishna selbst ist, nahm er die Rolle seines eigenen Verehrers an und lehrte auf diese Weise den Vorgang des hingebungsvollen Dienens (Bhakti-Yoga). Er verbreitete das gemeinsame Chanten der heiligen Namen des Herrn als religiöse Methode für das gegenwärtige Zeitalter.

Chanten das Singen oder Lobpreisen der heiligen Namen Gottes, entweder als leise Meditation (Japa) oder als lautes Singen (Kirtan).

Devi eine Göttin.

Dhoti das aus einem langen Tuch bestehende Untergewand der Inder. Es wird um den Körper geschlungen und kunstvoll gefaltet.

Durga die Frau Shivas; die Personifikation Mayas, der materiellen Energie. Sie heißt auch Parvati, Sati oder Kali.

Ganesh ein Halbgott; Sohn Shivas und Durgas. Er hat einen Elefantenkopf auf menschlichem Rumpf. Er gilt als der Schutzpatron der Menschen.

Kali-Yuga das gegenwärtige Zeitalter. Es ist das letzte im Zyklus der vier Zeitalter und ist gekennzeichnet durch Irreligiosität, Streit und Heuchelei.

Kirtan das gemeinsame laute Singen der heiligen Namen Gottes.

Krishna Gott in seiner ursprünglichen Form als Kuhhirtenjunge. Von ihm gehen alle anderen Formen und Erweiterungen Gottes aus. Die Beziehung Krishnas zu seinen Gefährten ist von solcher Süße und Vertrautheit, wie es sie bei keiner anderen Form Gottes gibt. Deshalb gilt die Erlangung reiner Liebe zu Krishna als die höchste Ebene der Vollkommenheit, die ein Lebewesen erreichen kann.

Kuli ein Lastenträger.

Kunda ein See.

Linga, Shiva-Linga eine Form, in der Shiva verehrt wird. Ein Linga besteht meistens aus Stein und hat die Form eines runden, regelmäßig geformten Höckers.

Maya die illusionierende Energie, die die Lebewesen im Bann der materiellen Welt gefangenhält.

Narayana ein Name Vishnus oder Krishnas (wörtlich: „das Behältnis aller Lebewesen").

Nrisimhadeva die Inkarnation Gottes als Menschlöwe (menschlicher Rumpf mit Löwenkopf; Nri = Mensch, Simha = Löwe). Nrisimhadeva gilt als der Schutzherr der Verehrer Krishnas.

Pandavas die fünf Brüder, die im Mittelpunkt des berühmten indischen Epos *Mahabharata* stehen. Die mörderischen Intrigen ihrer Cousins, die sie um ihr rechtmäßiges Erbe des Königsthrons brachten, bildeten den Anlass zu der Schlacht von Kurukshetra, um die sich das *Mahabharata* dreht. Arjuna, der mittlere der fünf Pandavas, war Krishnas vertrautester Freund und Verehrer.

Pandit ein Gelehrter der vedischen Schriften.

Prabhupada Shri Shrimad A. C. Bhaktivedanta Swami Prabhupada (1896–1977), der Gründer der Hare-Krishna-Bewegung (ISKCON). Er kam 1966 nach Amerika, um die westliche Welt mit der Lehre der Veden und der Praxis des Bhakti-Yoga vertraut zu machen. Er übersetzte und kommentierte die beiden wichtigsten Bhakti-Werke, die *Bhagavad-Gita* und das *Shrimad Bhagavatam*.

Prana die feinstoffliche Lebensluft. Das Yoga-System des Pranayama lehrt, die Prana-Ströme zu kontrollieren und damit die Lebensdauer und geistige Fähigkeit zu erhöhen.

Prasadam dem Herrn geweihte Speisen.

Rishis große selbstverwirklichte Weise.

Sadhu „jemand, der das Ziel erreicht hat"; ein selbstverwirklichter Transzendentalist.

Samadhi 1) der Zustand spiritueller Ekstase; 2) ein Mausoleum, in dem die sterblichen Überreste eines großen Transzendentalisten aufbewahrt werden.

Shiva der Halbgott, der für die Auflösung des Universums zuständig ist. Er gilt als der größte Verehrer Krishnas und wird von vielen Indern verehrt. Shiva ist der Herr über das falsche materielle Ego.

Shrimad Bhagavatam Die erhabenste und reinste unter den vedischen Schriften. Das *Shrimad Bhagavatam* ist der Kommentar Shrila Vyasadevas zu seinem eigenen Werk *Vedanta-sutra.* In den 18 000 Versen des *Bhagavatam* wird die Stellung Krishnas als Gott in seiner höchsten, ursprünglichen Form etabliert. Das *Bhagavatam* ist auch als *Bhagavata Purana* bekannt.

Tilak eine Markierung aus heiligem Lehm an verschiedenen Stellen des Körpers, vor allem auf der Stirn. Sie kennzeichnet die Zugehörigkeit zu einer bestimmten Glaubensrichtung und gilt als ein Symbol von besonderer spiritueller Kraft.

Vaishnava ein Verehrer Vishnus oder Krishnas.

Veden die altindischen Texte, die in nahezu unverfälschter Form das jahrtausendealte Wissen der spirituellen Kultur Indiens wiedergeben.

Vishnu der höchste Herr in seiner ehrfurchtgebietenden Erscheinung voller Reichtum und Macht (im Gegensatz zu Krishna, der in einer vertraulichen Stimmung verehrt wird). Vishnu ist die Form Gottes, von der die gesamte Schöpfung ausgeht.

Vyasadeva Die literarische Inkarnation Gottes, in der Gott das vedische Wissen niederschrieb.

Zentren der Internationalen Gesellschaft für Krishna-Bewusstsein (ISKCON)

Gründer-Acarya: Shri Shrimad
A. C. Bhaktivedanta Swami Prabhupada

Oktober 2007

DEUTSCHLAND

Berlin – varaha.murti.pda@pamho.net/ www.krsna-is-cool.de

Hamburg – Eiffestr. 422, 20537 Hamburg/ Tel.: +49 (040) 410 2848/ vaidac@aol.com/ www.bhaktiyogazentrum.de

Heidelberg – Forum 5, Wohnung 4, 69126 Heidelberg/ Tel.: +49 (06221) 384 553/ vipula@pamho.net/ www.iskcon-heidelberg.de

Köln – Taunusstr. 40, 51105 Köln/ Tel.:+49 (0221) 830 3778/ keshava@gauradesh.com/ main.gauradesh.com

Leipzig – Stöckelstr. 60, 04347 Leipzig/ Tel.: +49 (0341) 234 8055/ sadbhuja@gmx.net/ www.krsna-is-cool.de

München – Wachenheimer Str. 1, 81539 München/ Tel.: +49 (089) 6880 0288/ iskcon.munich@pamho.net/ www.krishnatempel.de

Trier – Böckingstr. 4A, 55767 Abentheuer/ Tel.: +49 (06782) 5957/ parivadi@pamho.net/ www.goloka-dhama.de

Wiesbaden – Aarstr. 8B, 65329 Burg Hohenstein/ Tel.: +49 (06120) 904 107/ iskcon.wiesbaden@web.de/ www.iskconwiesbaden.de

Farmgemeinschaft

Passau – Zielberg 20, 94118 Jandelsbrunn/ Tel.: +49 (08583) 316/ info@simhachalam.de/ www.simhachalam.de

SCHWEIZ

Basel – Bhakti-Yoga-Zentrum, St.-Jakobs-Str. 33, 4132 Muttenz/ Tel. & Fax: +41 (0) 61 4620614

Bern – Gaura Bhaktiyoga Center, Alleweg 5, 3006 Bern/ Tel.: +41 (0) 76 466 58 28/ www.gaura-bhakti.ch

Locarno – Govinda Rama, via Borghese 14, 6600 Locarno/ Tel.: +41 (0) 91 752 38 51/ Fax: +41 (0) 91 752 38 52/ govindarama@bluewin.ch/ www.govindarama.ch

Zürich – Krishna-Tempel, Bergstrasse 54, 8032 Zürich/ Tel.: +41 (0) 44 262 33 88/ Fax: +41 (0) 44 262 31 14/ kgs@pamho.net/ www.krishna.ch

EUROPA

Amsterdam, Niederlande – Van Hilligaertstraat 17, 1072 JX/ Tel.: +31 (0) 20 675 14 04/ Fax: +31 (0) 20 675 14 05/ amsterdam@pamho.net

Barcelona, Spanien – Plaza Reial 12, Entlo 2, 08002/ Tel.: +34 (0) 93 302 5194

Belfast, Nordirland – 140 Upper Dunmurray Lane, Belfast BT17 OHE/ Tel.: +44-28-90620530/ belfast@iskcon.org.uk/ www.iskcon.org.uk/belfast

Bergamo, Italien – Villaggio Hare Krishna (da Medalago strada per Terno d'Isola), 24040 Chignolo d'Isola (BG)/ Tel.: +39-035-4940706

Budapest, Ungarn – Lehel u. 15-17, 1039 Budapest/ Tel.: +36-1-3910435/ Fax: +36-1-2423233/ budapest@pamho.net/ www.haribol.hu

Durbuy, Belgien (Radhadesh) – Château de Petite Somme, 6940 Septon-Durbuy/ Tel.: +32-86-322926/ radhadesh@pamho.net/ www.radhadesh.com

Göteborg, Schweden – Hare Krishna Tempel, Karl Johansgatan 57, 41455 Göteborg/ Tel.: +46-31-879648

Helsinki, Finnland – Ruoholahdenkatu 24 D (III krs) 00180

Helsinki/ Tel.: +358-9-6949879/ Fax: +358-9-6949837/ harekrishna@harekrishna.fi/ www.harekrishna.fi

London, England (Stadt) – 10 Soho Street, London W1D 3DL/ Tel.: +44-20-74373662, 72870269 (Geschäftszeiten), 74374928 (Restaurant)/ Fax: +44-20-74391127/ london@pamho.net/ www.iskcon-london.org

London, England (Land) – Bhaktivedanta Manor, Dharam Marg, Hilfield Lane, Aldenham, near Watford, Herts WD25 8EZ/ Tel.: +44-1923-857244/ Fax: +44-1923-852896/ bhaktivedanta.manor@pamho.net, accommodations.requests@pamho.net/ www.krishnatemple.com

Paris, Frankreich – 35 Rue Docteur Jean Vaquier, 93160 Noisy le Grand/ Tel.: +33-1-4303 0951/ paramgati.swami@pamho.net

Prag, Tschechische Republik – Jilova 290, Prague 5-Zilcin 15521/ Tel.: +42-2-57950391/ info@vedavision.cz

Stockholm, Schweden (Stadt) – Fridhemsgatan 22, 11240 Stockholm/ Tel.: +46-8-6549002/ tapasa.rns@pamho.net/ www.harekrishnastockholm.com

Stockholm, Schweden (Land) (New Radhakunda) – Korsnäs Gård, 14792 Grödinge/ Tel.: +46-8-53029800/ Fax:+46-8-53025062/ info@pamho.net/ www.krishna.se

Warschau, Polen – Mysiadlo, k. Warszawy, 05-500 Piaseczno, ul. Zakert 11/ Tel.: +48-22-750 7797/ Fax: +48-22-7508249/ kryszna@post.pl

Farmgemeinschaften

Brihuega, Spanien (New Vraja Mandala) – (Santa Clara) 19411 Brihuega/ Tel.: +34-949-280436

Florenz, Italien (Villa Vrindavan) – via Scopeti 108, 50026 San Casciano in Val di Pesa (FI)/ Tel.: +39-055-820054/ Fax: +39-055-8470/ isvaripriya@libero.it

Järna, Schweden – Almviks Gård, 15395 Järna/ Tel.: +46-8-55152050/ Fax: +46-8-55152060/ almviks.gard@pamho.net/ www.almviksgard.se

Restaurants

Durbuy, Belgien – Gopinatha's Garden, Château de Petite Somme, 6940 Durbuy/ Tel.: +32-86-322926

Mailand, Italien – Govinda's, Via Valpetrosa 5, 20123 Milano/ Tel.: +39-02-862417/ www.harekrsna.it

Prag, Tschechische Republik – Govinda's, Soukenicka 27, 11000 Prague-1/ Tel.: +420-2-24816631/ www.vedavision.cz

Stockholm, Schweden – Govindas, Fridhemsgatan 22, 11240 Stockholm/ Tel.: +46-8-6549004/ www.govindasstockholm.se

ASIEN

Jakarta, Indonesien – Yayasan Radha-Govinda, P:O. Box 2694, Jakarta Pusat 10001/ Tel.: +7 62 (21) 489 9646/ matsyads@bogor.wasantara.net.id

Mayapur, WB, Indien – Shree Mayapur Chandrodaya Mandir, Shree Mayapur Dham, Dist. Nadia, 741 313/ Tel.: +91 (3472) 245239, 245240 oder 245233/ Fax: +91 (3472) 245238/ mayapur.chandrodaya@pamho.net/ www.mayapur.com

New Delhi, UP, Indien – Hare Krishna Hill, Sant Nagar Main Road, East of Kailash, 110 065/ Tel.: +91 (11) 2623 5133, 4, 5, 6, 7/ Fax: +91 (11) 2621 5421/ delhi@pamho.net, neel.sunder@pamho.net (Guesthouse)

Vrindavan, UP, Indien – Krishna-Balaram Mandir, Bhaktivedanta Swami Marg, Raman Reti, Mathura Dist., 281 124/ Tel.: +91 (565) 254 0021/ Fax: +91 (565) 254 0053/ vrindavan@pamho.net/ Guesthouse, Tel.: +91 (565) 254 0022, ramamani@sancharnet.in

Farmgemeinschaft

Puri, Orissa, Indien – ISKCON, Bhaktivedanta Asram, Sipasirubuli, 752 001/ Tel.: +91 (6752) 230494

Restaurant

Kolkata, WB, Indien – Govinda's, ISKCON House, 22 Gurusaday Road, 700019/ Tel.: +91 (33) 24756922, 24749009

NORDAMERIKA

Boston, Massachusetts, USA – 72 Commonwealth Ave., 02116/ Tel.: +1 (617) 247-861

Los Angeles, California, USA – 3764 Watseka Ave., 90034/ Tel.: +1 (310) 836-2676/ Fax: 839-2715/ nirantara@juno.com, restaurant: arcita@webcom.com/ www.harekrishnala.com

Montreal, Quebec, Kanada – 1626 Pie IX Boulevard, H1V 2C5/ Tel. & Fax: +1 (514) 521-1301/ iskconmontreal@bellnet.ca

New York, New York, USA – 305 Schermerhorn St., Brooklyn, 11217/ Tel.: +1 (718) 855-6714/ Fax: +1 (718) 875-6127/ ramabhadra@aol.com

Toronto, Ontario, Kanada – 243 Avenue Road, M5R 2J6/ Tel.: +1 (416) 922-5415/ Fax: +1 (416) 922-1021/ toronto@iskcon.net

Vancouver, B.C., Kanada – 5462 S.E. Marine Dr., Burnaby V5J 3G8/ Tel.: +1 (604) 433-9728/ Fax: +1 (604) 648-8715/ jaygo@telus.net/ www.vancouver.iskcon.ca

Farmgemeinschaften

Alachua, Florida, USA (New Raman Reti) – 17306 NW 112th Blvd., 32615 (mail: P.O. Box 819, 32616)/ Tel.: +1 (386) 462-2017/ Fax: +1 (386) 462-3468/ alachuatemple@alltel.net

Maoundsville, West Virginia, USA (New Vrindaban) – R.D. No. 1, Box 319, Hare Krishna Ridge, 26041/ Tel.: +1 (304) 843-1600; Guesthouse, +1 (304) 854-5905/ Fax: +1 (304) 854-0023/ mail@newvrindaban.com

ÜBRIGE LÄNDER

Auckland, Neuseeland – The Loft, 1st Floor, 103 Reach Road/ Tel.: +64 (09) 3797301

Brisbane, Australien – 95 Bank Road, Graceville, (Postanschrift: P.O. Box 83, Indooroopilly) QLD 4086/ Tel.: +61-7-3379-5455/ Fax: +61-7-3379-5880/ brisbane@pamho.net

Buenos Aires, Argentinien – Centro Bhaktivedanta, Andonaegui 2054 Villa Urquiza, CP 1431/ Tel.: +54 (1) 523-4232/ Fax: +54 (1) 523-8085/ iskcon-ba@gopalnet.com

Christchurch, Neuseeland – 83 Bealey Ave. (Postanschrift: P.O. Box 25-190 Christchurch)/ Tel.: +64 (3) 366-5174/ Fax: +64 (3) 366-1965/ iskconchch@clear.net.nz

Durban, Südafrika – 50 Bhaktivedanta Swami Circle, Unit 5, Chatsworth 4030 (Postanschrift: P.O. Box 56003)/ Tel.: +27 (31) 403 3328/ Fax: +27 (31) 403 4429/ iskcon. durban@pamho.net

Lagos, Nigeria – 12, Gani Williams Close, off Osolo Way, Ajao Estate, International Airport Rd., Lagos (Postanschrift: P.O. Box 8793, Marina)/ Tel. & Fax: +234 (1) 876169

Melbourne, Australien – 197 Danks Street, Albert Park (Postanschrift: P.O. Box 125), VIC 3206/ Tel.: +61 (3) 9699-5122/ Fax: +61 (3) 9690-4093/ melbourne@pamho.net

Mexico City, Mexiko – Tiburcio Montiel 45, Colonia San Miguel, Chapultepec D.F., 11850/ Tel.: +52 (55) 273-1953/ Fax: +52 (55) 272-5944

Perth, Australien – 144 Railway Parade (corner of The Strand) (Postanschrift: P.O. Box 102), Bayswater, WA 6053/ Tel.: +61 (08) 9370-1552/ Fax: +61 (08) 9272-6636/ iskconperth@optusnet.com.au

Sao Paulo, SP, Brasilien – Rua Dom Leopoldo, 44, Alto da Lapa, 05468-040/ Tel.: +55 (11) 4752-2553/ info@ccvsprabhupada.com.br

Sydney, Australien – 180 Falcon St., North Sydney, NSW 2060 (Postanschrift: P.O. Box 459, Cammeray, NSW 2062)/ Tel.: +61 (2) 959-4558/ Fax: +61 (2) 9957-1893/ info@iskcon.com.au

Eine vollständige Liste der ISKCON-Zentren finden Sie unter www.iskcon.com oder directory.krishna.com

Bhagavad-gītā wie sie ist

von Śrī Śrīmad A. C. Bhaktivedanta Swami Prabhupāda

Die zeitlose Philosophie der *Bhagavad-gītā* hat im Herzen der Menschen, im Osten wie im Westen, schon immer lebhaftes Interesse geweckt. Die *Bhagavad-gītā*, der „Gesang Gottes", ist die Essenz der vedischen Weisheit und gehört zu den bedeutendsten Werken der spirituellen und philosophischen Weltliteratur. Große Denker wie Kant, Schopenhauer, Einstein und Gandhi ließen sich nachhaltig von dieser Schrift inspirieren, die die wahre Natur des Menschen, seine Bestimmung im Kosmos und seine Beziehung zu Gott offenbart.

896 *Seiten*, 16 *Bildtafeln, geb.*

Bei den folgenden Adressen können Sie die *Bhagavad-gītā wie sie ist* sowie die Bücher auf der nachfolgenden Seite bestellen oder mehr Informationen einholen:

ISKCON
Postfach 1172
55759 Birkenfeld
Deutschland
Tel./Fax: (06782) 5957
hkd@pamho.net
www.krishna.de

Sankirtan-Verein
Bergstrasse 54
8030 Zürich
Schweiz
Tel.: (044) 262 33 88
Fax: (044) 262 31 14
sa-ve@pamho.net
www.sa-ve.ch

Im sechzehnten Jahrhundert leitete Śrī Caitanya eine spirituelle Renaissance in Indien ein. Die Grundlage Seiner noch heute bestehenden Bewegung war das Chanten des heiligen Namens.

Śrī Śrīmad A. C. Bhaktivedanta Swami Prabhupāda/ Die Lehren Śrī Caitanyas

448 *Seiten,* 16 *Bildtafeln, geb.*

Eine Auswahl von Śrīla Prabhupādas Interviews, Essays, Vorträgen und Briefen, gut geeignet als Einführung ins Kṛṣṇa-Bewusstsein.

Śrī Śrīmad A. C. Bhaktivedanta Swami Prabhupāda/ Die Schönheit des Selbst

320 *Seiten,* 8 *Bildtafeln, geb.*

Die vedische Literatur in ihrem eigenen Licht ermöglicht eine direkte Erfahrung der jahrtausendealten Weisheit Indiens; enthält die *Bhagavad-gītā* sowie Auszüge aus den Purāṇas und Upaniṣaden.

Satsvarūpa Dāsa Goswami/
Die vedische Literatur in ihrem eigenen Licht

336 *Seiten, geb.*

Eine Einführung in die vegetarische Gourmetküche, mit über 50 Rezepten aus aller Welt.

Der höhere Geschmack

160 *Seiten,* 8 *Bildtafeln, geb.*